맛있는 스쿨 단과 강좌 할인 쿠폰

인강 할인 이벤트

할인 코드: **hchy_biz_lv1**

단과 강좌 할인 쿠폰
20% 할인

할인 쿠폰 사용 안내
1. 맛있는스쿨(cyberjrc.com)에 접속하여 [회원가입] 후 로그인을 합니다.
2. 메뉴 중 [쿠폰] → 하단 [쿠폰 등록하기]에 쿠폰번호 입력 → [등록]을 클릭하면 쿠폰이 등록됩니다.
3. [단과] 수강 신청 후, [온라인 쿠폰 적용하기]를 클릭하여 등록된 쿠폰을 사용하세요.
4. 결제 후, [나의 강의실]에서 수강합니다.

쿠폰 사용 시 유의 사항
1. 본 쿠폰은 맛있는스쿨 단과 강좌 결제 시에만 사용이 가능합니다.
2. 본 쿠폰은 타 쿠폰과 중복 할인이 되지 않습니다.
3. 교재 환불 시 쿠폰 사용이 불가합니다.
4. 쿠폰 발급 후 60일 내로 사용이 가능합니다.
5. 본 쿠폰의 할인 코드는 1회만 사용이 가능합니다.
*쿠폰 사용 문의 : 카카오톡 채널 @맛있는스쿨

맛있는톡 할인 쿠폰

전화 화상 할인 이벤트

할인 코드: **jrcphone2qsj**

전화&화상 외국어 할인 쿠폰
10,000원

할인 쿠폰 사용 안내
1. 맛있는톡 전화&화상 중국어(phonejrc.com), 영어(eng.phonejrc.com)에 접속하여 [회원가입] 후 로그인을 합니다.
2. 메뉴 중 [쿠폰] → 하단 [쿠폰 등록하기]에 쿠폰번호 입력 → [등록]을 클릭하면 쿠폰이 등록됩니다.
3. 전화&화상 외국어 수강 신청 시 [온라인 쿠폰 적용하기]를 클릭하여 등록된 쿠폰을 사용하세요.

쿠폰 사용 시 유의 사항
1. 본 쿠폰은 전화&화상 외국어 결제 시에만 사용이 가능합니다.
2. 본 쿠폰은 타 쿠폰과 중복 할인이 되지 않습니다.
3. 교재 환불 시 쿠폰 사용이 불가합니다.
4. 쿠폰 발급 후 60일 내로 사용이 가능합니다.
5. 본 쿠폰의 할인 코드는 1회만 사용이 가능합니다.
*쿠폰 사용 문의 : 카카오톡 채널 @맛있는스쿨

\ 100만 독자의 선택 /
맛있는 중국어 HSK 시리즈

기본서

- ▶ 시작에서 합격까지 4주 완성
- ▶ 모의고사 동영상 무료 제공(6급 제외)
- ▶ 기본서+해설집+모의고사 All In One 구성
- ▶ 필수 단어장 별책 제공

맛있는 중국어
HSK 1~2급 첫걸음

맛있는 중국어
HSK 3급

맛있는 중국어
HSK 4급

맛있는 중국어
HSK 5급

맛있는 중국어
HSK 6급

모의고사

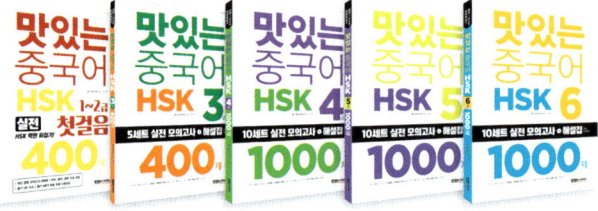

맛있는 중국어
HSK 1~2급
첫걸음 400제

맛있는 중국어
HSK 3급 400제

맛있는 중국어
HSK 4급 1000제

맛있는 중국어
HSK 5급 1000제

맛있는 중국어
HSK 6급 1000제

- ▶ 실전 HSK 막판 뒤집기!
- ▶ 상세하고 친절한 해설집 PDF 파일 제공
- ▶ 학습 효과를 높이는 듣기 MP3 파일 제공

단어장

맛있는 중국어
HSK 1~4급 단어장

맛있는 중국어
HSK 1~3급 단어장

맛있는 중국어
HSK 4급 단어장

맛있는 중국어
HSK 5급 단어장

- ▶ 주제별 분류로 연상 학습 가능
- ▶ HSK 출제 포인트와 기출 예문이 한눈에!
- ▶ 단어 암기부터 HSK 실전 문제 적용까지 한 권에!
- ▶ 단어&예문 암기 동영상 제공

초판 1쇄 발행	2013년 3월 15일
초판 11쇄 발행	2025년 3월 10일

기획	JRC 중국어연구소
저자	한민이
발행인	김효정
발행처	맛있는books
등록번호	제2006-000273호

주소	서울시 서초구 명달로 54 JRC빌딩 7층
전화	구입 문의 02.567.3861
	내용 문의 02.567.3860
팩스	02.567.2471
홈페이지	www.booksJRC.com

ISBN	978-89-98444-06-8　14720
	978-89-98444-05-1　(세트)
정가	14,500원

Copyright ⓒ 2013 맛있는books

저자와 출판사의 허락 없이 이 책의 일부 또는 전부를 무단 복사·복제·전재·발췌할 수 없습니다.
잘못된 책은 구입처에서 바꿔 드립니다.

머리글

　21세기에 들어서면서 세계 경제의 흐름은 누가 뭐라고 해도 중국을 빼놓고는 말할 수 없게 되었지요. 얼마 전까지만 해도 경제 대국의 왕좌를 내놓을 것 같지 않던 미국이 휘청하면서, 2017년에는 중국이 세계 경제 최강국이 될 거라는 예측까지 나오고 있는 추세이니, 중국의 위력에 다시 한 번 놀라게 됩니다.

　1992년 한중 수교 이후 20여 년 동안, 한중 관계는 꾸준히 발전해 왔고, 중국은 이제 명실공히 한국 제1의 무역·투자·관광 대상국이 되어, 우리와 갈수록 더 밀접한 관계를 유지하고 있지요. 상황이 이렇다 보니 대중국 사업에 종사하는 분들에게 있어 '중국어'는 더 이상 '제2외국어'가 아닌 꼭 필요한 '무기'로 여겨지고 있는 게 사실입니다.

　하지만, 안타깝게도 여전히 많은 분들이 중국어는 어려울 거라는 선입견에 사로잡혀 '중국어 학습'에 선뜻 도전하지 못하고, 특히 비즈니스 중국어라면 머리부터 절레절레 흔드시기도 하는데요. 물론 장소를 협상 테이블로 옮긴다면 약간의 전문 용어가 필요하겠지만, 일반적인 직장 생활에서라면 간단한 기초 회화 단어로도 충분히 대화를 할 수 있지요.

　다만 중국인들과 업무 협조할 때나 협상 등을 진행할 때는 양국 간의 국민성이나 문화 차이로 인해 오해가 생길 수 있는 부분이 있으니 평소에 중국인의 사고방식이나 중국의 문화, 역사에 대해 공부해 두시면 도움이 많이 됩니다.

　이 책은 필자가 중국 비즈니스를 하면서 얻은 실전 경험을 바탕으로, 1. 일상에서 업무 협상까지 현실적이고 공감할 수 있는 상황 설정 2. 쉽고 간단한 용어 사용 3. 각 과별 실전 비즈니스에 꼭 필요한 단어, 표현, 문화 지식 등의 자료를 제공하여 학습자들이 필요할 때 적절히 응용할 수 있도록 구성되어 있습니다. 그러니 이젠 비즈니스 중국어에 대한 두려움은 버리시고 친구를 만나듯 편하게 손을 내밀어 보세요.

　JRC북스와 필자가 정성을 다해 독자 여러분의 마음으로 지은 『맛있는 비즈니스 중국어』 시리즈가 여러분의 대중국 비즈니스 업무에 '자신감'과 '작은 힘'을 실어 드릴 수 있었으면 좋겠습니다.

　끝으로 너무나 재미난 작업을 할 수 있는 기회를 주신 JRC북스 김효정 원장님과 편집의 여왕 최정임 과장님께 진심으로 감사드립니다.

한민이

차례

머리글	3
학습 내용	6
이 책의 구성	10
중국어, 짚고 넘어가자	12
중국어 발음	14
일러두기	24

인사

01과 你好! 안녕하세요! 25
인칭대명사 | 3성의 성조 변화 | 不의 성조 변화

02과 再见! 안녕히 가세요! 35
이름이나 지명의 특수한 성조 | 격음부호 | 4성의 성조 변화

소개

03과 我是韩国人。 저는 한국인입니다. 45
의문대명사 什么 | 是자문 | 吗로 묻는 의문문

04과 这是我的名片。 이것은 제 명함입니다. 55
지시대명사 | 구조조사(结构助词) 的(1) | 의문사 怎么

05과 他是谁? 저분은 누구시죠? 65
양사(量词)와 명량사(名量词) | 有자문 | 几로 묻는 의문문

직장 생활

06과 贵公司大吗? 귀사는 큰가요? 75
전치사 在 | 형용사술어문

07과 我在销售部工作。 저는 영업부에서 근무합니다. 85
주술술어문 | 정반의문문(正反疑问句)

08과 我九点上班。 저는 9시에 출근합니다. 95
시간 읽는 법 | 하루의 시간대

약속

09과 今天六月四号。 오늘은 6월 4일입니다. 105
월 · 일 · 요일 표현법

일상생활

10과 我喜欢夏天。 저는 여름을 좋아해요. 115
부정양사(不定量词) | 동사 喜欢의 용법 | 선택의문문 | 의문대명사 为什么

11과 你的爱好是什么? 당신 취미는 뭐예요? 125
조동사 会 | 부사 都 | 연동문(连动句)(1)

12과 我想去旅游。 저는 여행을 가고 싶어요. 135
전치사 跟 | 조동사 想의 용법 | 자동사와 타동사

장소·위치

13과 人事部在二楼。 인사부는 2층에 있어요. 145
방위사

14과 从这儿到公司近吗? 여기에서 회사까지 가까운가요? 155
从……到…… | 吧의 여러 가지 용법 | 전치사 离 | 전치사 给

쇼핑

15과 苹果多少钱一斤? 사과 한 근에 얼마예요? 165
조동사 可以 | 多少로 묻는 의문문 | 인민폐 읽는 법

16과 这条裤子打几折? 이 바지는 몇 퍼센트 할인하나요? 175
할인 표현법 | 동격어(同位词语) | 조동사 要

회식

17과 我正想吃中国菜呢。 저는 마침 중국 음식이 먹고 싶었어요. 185
동사 觉得 | 의문사 什么时候 | 연동문(2)

18과 今天喝点儿什么酒? 오늘은 어떤 술을 좀 마실까요? 195
조동사 应该 | 구조조사 的(2) | 부사 有点儿

부록
정답 및 해석 206
찾아보기 215
중국어 음절 결합표 222

학습 내용 (Level 1)

주제		단원명	핵심 회화	핵심 구문	어법 포인트
인사	1과	你好! 안녕하세요!	• 처음 만났을 때 • 오랜만에 만났을 때 • 감사 인사 • 미안할 때	• 你好! • 谢谢! • 对不起。	인칭대명사 ǀ 3성의 성조 변화 ǀ 不의 성조 변화 **문화** 중국을 소개합니다
	2과	再见! 안녕히 가세요!	• 아침 인사 • 헤어질 때 • 축하 인사 • 신년 인사	• 早上好! • 再见! • 恭喜恭喜!	이름이나 지명의 특수한 성조 ǀ 격음부호 ǀ 4성의 성조 변화 **표현** 다양한 인사말
소개	3과	我是韩国人。 저는 한국인입니다.	• 성씨 묻기 • 이름 묻기 • 국적 묻기	• 您贵姓? • 你叫什么名字? • 我是韩国人。	의문대명사 什么 ǀ 是자문 ǀ 吗로 묻는 의문문 **문화** 첫 만남을 근사하게
	4과	这是我的名片。 이것은 제 명함입니다.	• 명함 주고받기 • 호칭 묻기 • 첫 만남	• 这是我的名片。 • 请问, 怎么称呼? • 免贵姓金。	지시대명사 ǀ 구조조사(结构助词) 的(1) ǀ 의문사 怎么 **표현** 첫 만남
	5과	他是谁? 저분은 누구시죠?	• 자기 소개 • 동료 소개 • 가족 묻기	• 我是销售部金代理。 • 他是谁? • 我家有三口人。	양사(量词)와 명량사(名量词) ǀ 有자문 ǀ 几로 묻는 의문문 **단어** 중국 회사의 주요 직책과 가족
직장생활	6과	贵公司大吗? 귀사는 큰가요?	• 직업 묻기 • 직장 묻기 • 회사 상황 묻기	• 我是公司职员。 • 我在贸易公司工作。 • 贵公司大吗?	전치사 在 ǀ 형용사술어문 **단어** 직업
	7과	我在销售部工作。 저는 영업부에서 근무합니다.	• 부서 묻기 • 직책 묻기 • 임금·보너스 묻기	• 你在哪个部门工作? • 我现在负责海外业务。 • 贵公司工资高不高?	주술술어문 ǀ 정반의문문(正反疑问句) **단어** 회사 생활
	8과	我九点上班。 저는 9시에 출근합니다.	• 출근제 묻기 • 출퇴근 시간 묻기 • 점심 시간 묻기	• 我一周上五天班。 • 我九点上班。 • 我十二点吃午饭。	시간 읽는 법 ǀ 하루의 시간대 **문화** 격이 없는 중국인의 호칭
약속	9과	今天六月四号。 오늘은 6월 4일입니다.	• 연도 묻기 • 월·일·요일 묻기 • 약속하기	• 今年是2013年。 • 今天六月四号。 • 今天晚上你有没有时间?	월·일·요일 표현법 **표현** 약속하기

주제		단원명	핵심 회화	핵심 구문	어법 포인트
일상생활	10과	我喜欢夏天。 저는 여름을 좋아해요.	• 날씨 묻기 • 공휴일 묻기 • 계절 묻기	• 今天天气很好。 • 中国有哪些公休日? • 我喜欢夏天。	부정양사(不定量词) | 동사 喜欢의 용법 | 선택의문문 | 의문대명사 为什么 단어 날씨
일상생활	11과	你的爱好是什么? 당신 취미는 뭐예요?	• 좋아하는 운동 묻기 • 교육에 대해 묻기 • 취미 묻기	• 你喜欢做什么运动? • 我最近学画画。 • 你的爱好是什么?	조동사 会 | 부사 都 | 연동문(连动句)(1) 단어 취미
일상생활	12과	我想去旅游。 저는 여행을 가고 싶어요.	• 퇴근 후의 일정 묻기 • 주말 스케줄 묻기 • 휴가 스케줄 묻기	• 我喜欢跟朋友一起吃饭聊天。 • 这个周末你想干什么? • 我想去旅游。	전치사 跟 | 조동사 想의 용법 | 자동사와 타동사 문화 통역이 있어도 중국어는……
장소·위치	13과	人事部在二楼。 인사부는 2층에 있어요.	• 사무용품의 위치 묻기 • 부서 위치 묻기 • 자리 묻기	• 复印机在文件柜右边。 • 请问,人事部在哪儿? • 对不起,他在哪儿?	방위사 표현 사무실에서
장소·위치	14과	从这儿到公司近吗? 여기에서 회사까지 가까운가요?	• 회사 위치 묻기 • 회사 부대 시설 묻기 • 회사 찾아가기	• 从这儿到贵公司近吗? • 我们公司里有一个员工休息室。 • 你下地铁后给我打电话吧。	从……到…… | 吧의 여러 가지 용법 | 전치사 离 | 전치사 给 단어 회사 근처 시설
쇼핑	15과	苹果多少钱一斤? 사과 한 근에 얼마예요?	• 물건 찾기 • 옷 입어 보기 • 과일 사기	• 您去三楼文具区看看。 • 这件衣服可以试试吗? • 苹果多少钱一斤?	조동사 可以 | 多少로 묻는 의문문 | 인민폐 읽는 법 문화 협상의 귀재 중국인
쇼핑	16과	这条裤子打几折? 이 바지는 몇 퍼센트 할인하나요?	• 흥정하기 • 지불하기 • 쇼핑하기	• 这条裤子打几折? • 您要刷卡还是付现金? • 我想给她送一条围巾。	할인 표현법 | 동격어(同位词语) | 조동사 要 표현 물건 사기
회식	17과	我正想吃中国菜呢。 저는 마침 중국 음식이 먹고 싶었어요.	• 회식 시간 잡기 • 식당 가기 • 음식 정하기	• 你们觉得什么时候聚餐,好呢? • 先生,您几位? • 我们吃火锅,怎么样?	동사 觉得 | 의문사 什么时候 | 연동문(2) 단어 식당
회식	18과	今天喝点儿什么酒? 오늘은 어떤 술을 좀 마실까요?	• 차 마시기 • 술 종류 묻기 • 음식에 관해 대화하기	• 夏天天气热,应该喝绿茶。 • 今天喝点儿什么酒? • 四川菜有点儿辣。	조동사 应该 | 구조조사 的(2) | 부사 有点儿 문화 음식 천국 '중국'

Level ❷ 학습 내용

주제	단원명	핵심 회화	핵심 구문	어법 포인트
소개·안부	1과 我们的产品在国内生产。 우리 제품은 국내에서 생산합니다.	• 신입 사원 소개하기 • 회사 소개하기 • 제품에 대해 묻기	• 这位是新来的设计师。 • 贵公司是国企还是私人企业？ • 你们的新产品已经上市了吗？	了의 용법(1) | 了의 용법(2) 표현 소개
	2과 你最近过得怎么样？ 요즘 어떻게 지내세요？	• 업체 직원에 대해 물을 때 • 길에서 지인을 만날 때 • 다른 회사에서 지인을 만날 때	• 他人很好，工作能力非常强。 • 你最近过得怎么样？ • 我对这个公司很满意。	정도보어 得 | 정도보어 极了, 死了, 透了 문화 중국 직원과의 공생
통신 수단	3과 张总的手机号码是多少？ 장 사장님의 휴대 전화 번호가 어떻게 되죠？	• 전화번호 묻기 • 담당자 찾기 • 전화를 잘못 걸었을 때	• 张总的手机号码是多少？ • 你说得太快，我没听懂。 • 先生，您打错了。	결과보어 단어 전화
	4과 我给你发短信吧。 제가 문자 메시지를 보낼게요.	• 이메일 주소 묻기 • 팩스 번호 묻기 • 이메일 요청하기	• 您能不能告诉我你的邮件地址？ • 我回公司后再告诉你吧。 • 今天下午能写得完。	가능보어 표현 직장 생활
	5과 他正在开会。 그는 회의 중입니다.	• 내선으로 돌릴 때 • 부재중 메시지를 남길 때 • 메시지 내용을 전달할 때	• 他正在开会，现在不能接电话。 • 我可以留言吗？ • 知道了，我马上给她回电话。	진행문 | 겸어문 표현 전화 예절
사교	6과 我比你小两岁。 제가 당신보다 두 살 어려요.	• 나이 묻기 • 띠 묻기 • 신변잡기 묻기	• 你今年多大了？ • 我比你小两岁。 • 我喜欢又漂亮又贤惠的。	比를 쓰는 비교문 | 수량보어 | 의문부사 多로 묻는 의문문 문화 인맥 만들기
	7과 我去过三次中国。 저는 중국에 세 번 가 봤어요.	• 중국에 가 본 경험을 물을 때 • 중국 요리에 대해 이야기할 때 • 숫자에 대해 이야기할 때	• 我去过三次中国。 • 我觉得川菜最好吃。 • 这个跟我们不一样。	동태조사 过 | 동량보어(动量补语) 단어 중국의 행정 구역
교통	8과 我是坐公交车去上班的。 저는 시내버스를 타고 출근해요.	• 출퇴근 교통수단을 물을 때 • 차가 막힐 때 • 출퇴근 소요 시간을 물을 때	• 我是坐公交车去上班的。 • 我走去上班，我家离公司很近。 • 我走十分钟就能到公司。	시간보어 | 동태조사 着(1) | 是……的 강조 용법 단어 교통수단
	9과 一直往前走很快就到。 계속 앞으로 가시면 바로 도착해요.	• 길 묻기 • 길을 잃었을 때 • 택시 타기	• 先生，从这儿到那儿需要多长时间？ • 你们想去景福宫，还得坐3号线。 • 应该不会堵车。	시간보어를 쓰는 문장의 의문문 | 전치사 往 | 得의 여러 가지 용법 표현 길 찾기

주제	단원명	핵심 회화	핵심 구문	어법 포인트
회의	10과 开会时间改了。 회의 시간이 바뀌었어요.	• 회의 시간 확인하기 • 회의 시간 변경하기 • 바이어와 상담하기	• 下午三点半在第一会议室开。 • 你快到会议室去吧。 • 他们说上午10点到我们公司。	방향보어 **단어** 회의·미팅
회의	11과 我把资料放在会议室了。 제가 자료를 회의실에 두었어요.	• 회의 자료 준비하기 • 참가 인원 확인하기 • 회의 안건에 대해 토론하기	• 你把这些文件复印一下, 好吗? • 我已经把它放在会议室了。 • 希望大家继续努力下去。	把자문 **표현** 회의 및 보고하기
일상 업무	12과 电脑被病毒感染了。 컴퓨터가 바이러스에 감염되었어요.	• 사무기기가 고장 났을 때 • 사무 용품 절약하기 • 컴퓨터가 바이러스에 걸렸을 때	• 昨天还好好儿的, 真奇怪! • 我们得节约用打印纸。 • 我的电脑被病毒感染了。	被字句	형용사의 중첩 **단어** 컴퓨터
일상 업무	13과 您又升职了? 또 승진하셨어요?	• 휴가 신청하기 • 임금 인상에 대해 • 승진을 축하할 때	• 听说明年公司要加工资。 • 您又升职了? 恭喜恭喜! • 只要喜欢工作, 就能有成就。	2음절 동사의 중첩	只要……就……	听说 **단어** 임금·수당·승진
일상 업무	14과 我们得跟老总商量商量。 우리는 사장님과 상의해 봐야 해요.	• 업무 진행 상황 확인하기 • 타 부서에 협조 요청하기 • 해외 영업에 문제가 생겼을 때	• 结果什么时候能出来? • 我们得跟老总商量商量。 • 加工成本也越来越高了, 这也是个问题。	자주 쓰이는 가능보어	越来越	越A越B **표현** 업무 협조 및 진행
주식· 은행	15과 先看情况再说吧。 상황을 지켜본 후에 다시 얘기해요.	• 주식 시장에 대해 • 환율 물어보기 • 부동산에 대해	• 我买的股票却不停地跌。 • 我们先看情况再说吧。 • 你从银行里贷了多少?	조사 地	再说	접속사 却 **단어** 주식 및 부동산
주식· 은행	16과 我想换人民币。 인민폐로 환전하려고요.	• 계좌 만들기 • 환전하기 • 송금하기	• 我想开一个账户。 • 我想换两千人民币。 • 你必须先把韩元换成美元, 然后再汇。	先……, 然后(再)……	부사 又와 再 비교	必须 **단어** 여러 나라의 화폐
중국 문화	17과 我们吃长寿面。 우리는 장수면을 먹어요.	• 생일에 대해 대화 나누기 • 추석에 대해 이야기할 때 • 중국 설 풍습에 대해 묻기	• 中秋节你们也去看月亮吗? • 春节快要到了。 • 中国人过年南方人吃年糕, 北方人吃饺子。	임박태 **문화** 중국인들과의 수다
중국 문화	18과 我给你做伴郎吧。 제가 신랑 들러리를 설게요.	• 주거 문화에 대해 이야기할 때 • 중국인의 금기를 물을 때 • 중국 결혼식에 대해 대화할 때	• 四合院是中国传统住宅。 • 我们送礼一般不送人家钟表和伞。 • 我们请他们喝喜酒, 吃喜糖。	人家	一般	동태조사 着(2) **문화** 생활 속 금기 사항

이 책의 구성

 핵심 구문

회화의 주요 핵심 구문이 각 상황별로 제시되어 있습니다. 생동감 넘치는 삽화와 주인공 김성공의 재치 있는 이야기를 함께 담아 중국어 문장을 쉽게 이해할 수 있습니다.

 **맛있는 단어**

각 과의 새 단어가 일목요연하게 정리되어 있습니다. 연관 단어가 함께 제시되어 있어 단어 학습에 효과적입니다.

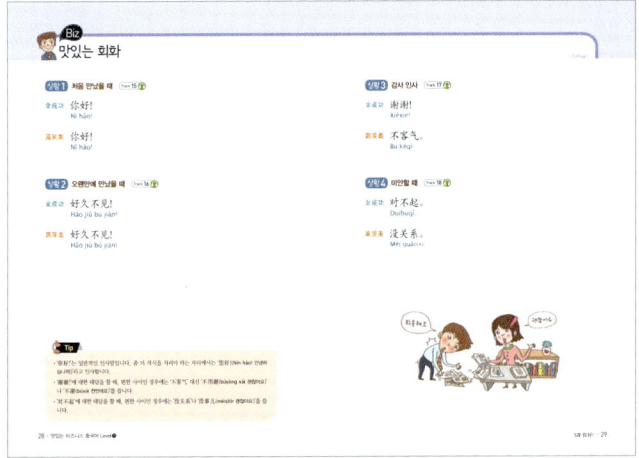

 **맛있는 회화**

실제 비즈니스 상황에 적합한 주제를 선정해 활용도가 높은 회화문을 구성했습니다. 중국인의 언어 습관이 반영된 상황별 회화문을 통해 의사소통 능력을 향상시켜 보세요. 하단에는 회화문에 포함된 표현이나 단어 설명이 제시되어 있으니 함께 익혀 보세요.

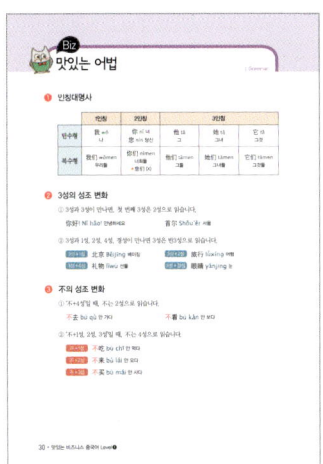

맛있는 어법

회화문에 제시된 핵심 어법을 쉬운 설명과 활용도 높은 예문을 통해 한번에 정리할 수 있습니다. 중국어 어법의 뼈대가 되는 요소를 파악해 중국어 회화의 기초를 다지세요.

맛있는 발음

원어민의 정확한 발음을 듣고 따라 읽어 보며 중국어 발음을 집중적으로 훈련해 보세요. 기본 발음의 결합, 성조끼리의 결합, 어려운 발음 등 헷갈리거나 어려운 발음을 집중적으로 연습할 수 있습니다.

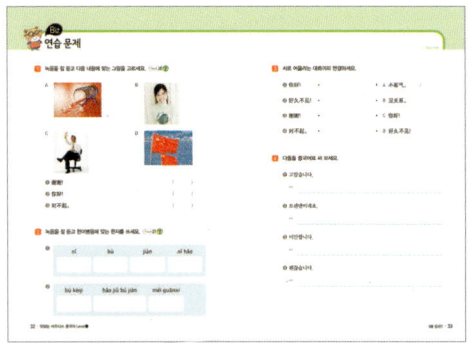

연습 문제

녹음 내용 듣고 알맞은 그림 고르기, 발음 듣고 중국어로 쓰기, 내용 흐름에 맞는 문장 연결하기, 작문하기 등 다양한 문제로 구성되어 있습니다. 헷갈리는 부분과 틀린 부분은 반드시 다시 한번 짚고 넘어가세요.

플러스 코너

〈Biz 문화 속으로〉〈Biz 플러스 표현〉〈Biz 플러스 단어〉 등 중국의 비즈니스 문화와 각 과와 관련된 풍부한 표현과 단어를 통해 중국어뿐만 아니라 비즈니스 문화와 언어 습관까지 꿰뚫어 비즈니스의 달인이 되세요.

중국어, 짚고 넘어가자

1. 보통화(普通话)란?

현재 중국에서 사용되고 있는 표준어로, 중국 대륙, 홍콩, 마카오, 타이완과 해외 화교들 사이에 통용되고 있는 언어를 말합니다. 베이징 어음(北京語音)을 표준음으로 하고 북방 방언을 기초로 삼고 있습니다.

2. 간체자(简体字)란?

간체자(简体字)는 간화자(简化字)라고도 부릅니다. 중화인민공화국 수립 후 중국 공산당의 주도로 만들어진 간략화한 한자를 말합니다. 현재 중국에서 쓰고 있는 간체자는 1964년에 발표한 후 수정을 거쳐 1986년에 최종적으로 발표한 《简化字总表》의 기준을 따르고 있습니다. 간체자와 상대적인 개념으로 원래 중국에서 사용하고 있던 한자를 번체자(繁体字)나 정체자(正体字)라 부릅니다.

3. 중국어 음절 구성과 한어병음 표기

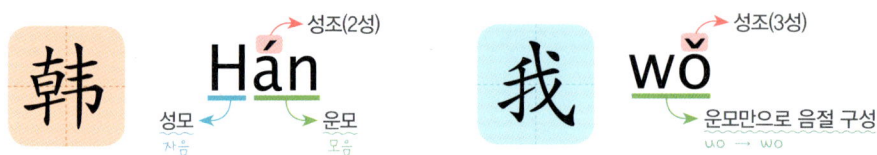

중국어의 음절은 기본적으로 성모(声母)와 운모(韵母)로 이루어지는데, 성모 없이 운모만으로 이루어진 경우도 있습니다.

[한어병음 표기]
중국어의 한어병음(발음 기호)은 로마자로 표기합니다.

[중국어의 성조 표기]
성조는 운모 a, o, e, i, u, ü 위에만 표시됩니다. 경성은 아무런 표시가 없습니다.

4. 중국어의 발음 특징

중국어를 발음할 때 가장 중요한 것은 중국어는 절대로 '축약'을 하지 않는다는 것입니다. 이 점을 꼭 기억하세요!

谢

한국어 ㅅ + ㅏ → 사

중국어 x + ie → 씨이에 → 씨에(○) | 시에(○)
→ 쎼(×) | 셰(×)

예) 谢谢! Xièxie! 씨에시에(○) | 시에시에(○)
쎼쎼(×)

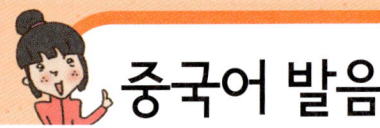
중국어 발음

1. 성조

Track 01

중국어는 한자마다 고유의 '높낮이'가 정해져 있는데, 이것을 성조(声调)라 합니다. 성조에는 1성, 2성, 3성, 4성과 경성이 있습니다.

성조 연습을 할 때는

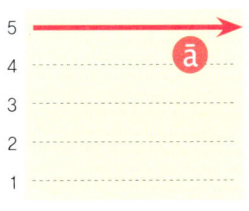

1성 '솔'음에 맞춰 'ba'로 연습합니다. 흔들림 없이 옆으로 반듯하게 끌어 줍니다.

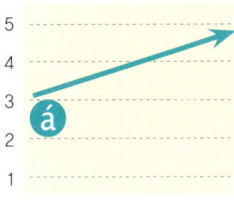

2성 '뭐라고?' 하고 반문할 때처럼, '미'음에서 '솔'음까지 올린다 생각하고 곧게 올려 줍니다.

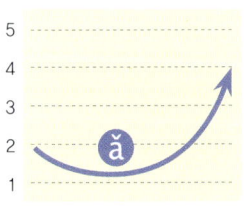

3성 '네~에' 하고 상대방의 말에 수긍할 때처럼 고개를 끄덕이듯 '레→도→파'를 향해 부드럽게 소리 냅니다.

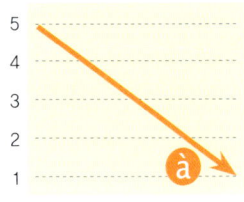

4성 손을 뿌리치듯 조금 화난 것처럼 '솔'에서 '도'를 향해 강하게 '쫙~' 내려 주세요.

경성 음악 시간에 배운 '스타카토'처럼 가볍게 튕기듯 발음해 주세요. 경성은 다른 성조의 영향을 받아 음높이가 정해집니다.

2. 성모

성모(声母)는 우리말의 자음에 해당합니다.

① **쌍순음과 순치음** : 입술을 부딪치며 내는 발음입니다. Track 02

b(o) [뽀어]	p(o) [포어]	m(o) [모어]	f(o) [포어]
ba	pao	me	fo
bei	peng	mang	fu

[b] : '뽀'를 길게 발음하면서 마지막 부분에 '어'를 살짝 붙여 줍니다. '뽀'라고 한 발음으로 끝내지 마세요.
[f] : 영어의 'f'처럼 이를 살짝 아랫입술에 대었다 뗍니다.

② **설첨음** : 혀끝으로 윗잇몸을 쓸어내리는 기분으로 발음합니다. Track 03

d(e) [뜨어]	t(e) [트어]	n(e) [느어]	l(e) [르어]
da	tao	ne	lou
dou	teng	nai	leng

[l] : '랄랄랄' 할 때처럼 혀에 힘을 줘서 발음합니다.

③ **설근음** : 목구멍 깊숙한 곳에서 뭔가 '쫙~' 끌어올리듯 발음합니다. '꺼, 커, 허'라 발음하지 마세요. Track 04

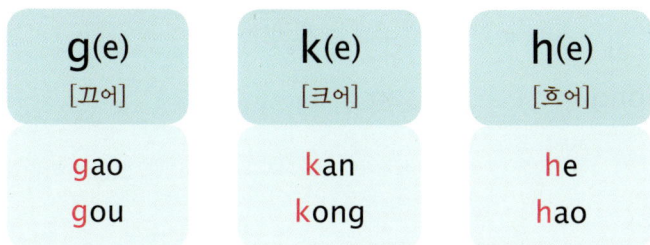

중국어 발음

④ **설면음** : 가벼운 마음으로 혀를 아랫니 쪽에 대면서 발음합니다. 운모 ü와 결합할 때의 발음에 주의하세요. Track 05

j(i) [지]	q(i) [치]	x(i) [시]
jiao	qin	xi
juan	qu	xun

[q] : 영어의 'Q'처럼 발음하지 않습니다.
[x] : 영어의 'see'처럼 발음하면 안 됩니다.

⑤ **권설음** : 혀끝을 살짝 들어 올려 입이 살짝 앞으로 나온다는 느낌으로 발음합니다. Track 06

zh(-i) [즈]	ch(-i) [츠]	sh(-i) [스]	r(-i) [르]
zhen	chi	shan	ren
zhao	chou	sheng	rang

[r] : 영어의 'r'처럼 많이 굴리지 말고, 혀를 살짝 들어 준다 생각하세요.

⑥ **설치음** : 혀끝을 윗니와 아랫니가 맞물리는 부분에 두고 바람을 밀어내듯 발음합니다. 이때 입은 최대한 옆으로 벌립니다. Track 07

z(-i) [쯔]	c(-i) [츠]	s(-i) [쓰]
zao	cai	si
zou	cong	san

3. 운모

운모(韵母)는 우리말의 모음에 해당합니다. 성모와 결합해서 '음절'을 이룰 수도 있고, 단독으로 '음절 구성'을 하기도 합니다.

① **기본 운모** Track 08

a [아]	o [오어]	e [으어]	i [이]	u [우]	ü [위]	er [얼]
ba	po	de	xi	su	nü	er
a	o	e	yi	wu	yu	

- [o] : '오어'라 발음합니다. '오'를 길게 소리 낸 후 '어'를 살짝 붙여 줍니다.
- [e] : '으어'라 발음합니다. '으'를 길게 소리 낸 후 '어'를 살짝 붙여 줍니다.
- [i] : 'i'는 결합하는 성모에 따라 '이' 혹은 '으'로 발음합니다.
- [ü] : 독일어의 '움라우트' 발음과 같습니다. 입을 앞으로 내밀고, 윗입술로 아랫입술을 누르듯 발음합니다. 단독으로 음절을 구성할 때는 'yu'로 표기하되, 'ü'를 살려서 발음합니다.
- [er] : 영어의 'r'처럼 맘껏 굴려 주세요. 때로는 '얼'에 가깝게, 때로는 '알'에 가깝게 발음합니다. 'er'은 결합하는 성모가 없고, 단독으로 음절을 구성합니다.

> **Tip 병음 표기법**
> - i, u, ü는 단독으로 음절을 구성할 때, yi, wu, yu로 표기합니다.
> - ü와 결합할 수 있는 성모는 n, l, j, q, x뿐입니다.

② **복합운모** : 두 개 이상의 '운모'가 합쳐져 만들어진 운모를 말합니다. Track 09

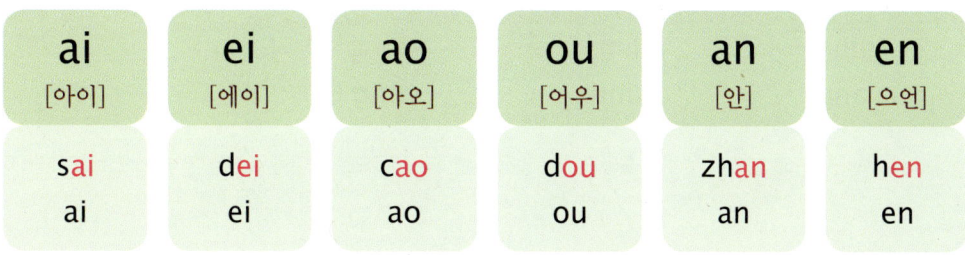

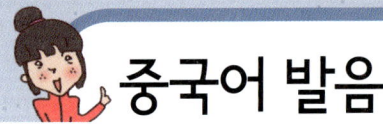
중국어 발음

[ou] : '오우'가 아니라 '어우'로 발음합니다.
[en] : 때로는 '으언'에 가깝게, 때로는 '어언'에 가깝게 발음합니다.

ang [앙]	**eng** [엉]	**ong** [옹]
zang ang	deng eng	song ong

③ **결합운모** : 운모 i, u, ü와 결합해서 만들어진 운모를 말합니다.

• **i 결합운모** : 단독으로 음절 구성 시, i를 y로 바꾸어 씁니다. Track 10

ia [이아]	**ie** [이에]	**iao** [이아오]	**iou** [이어우]	**ian** [이엔]	**in** [인]
jia ya	die ye	xiao yao	diu you	qian yan	xin yin

[iou] : 성모와 결합할 때 'iu'로 씁니다. 이때 발음은 '이우'로 해도 됩니다.
[ian] : '이안'이 아니라 '이엔'으로 발음합니다.
[in] : 단독으로 음절을 구성할 때 'yin'으로 표기합니다.

iang [이앙]	**ing** [잉]	**iong** [이옹]
jiang yang	ding ying	xiong yong

[ing] : '이↗응'으로 살짝 굴려 주면 훨씬 맛있는 발음이 됩니다. 단독으로 음절을 구성할 때 'ying'으로 표기합니다.

| 운모

- **u 결합운모** : 단독으로 음절 구성 시, u를 w로 바꾸어 씁니다. Track 11

ua	uo	uai	uei	uan	uen
[우아]	[우어]	[우아이]	[우에이]	[우안]	[우언]
hua	duo	kuai	gui	chuan	tun
wa	wo	wai	wei	wan	wen

[uei] : 성모와 결합할 때 'ui'로 씁니다. 이때, 발음은 'uei'로 하면 더 좋습니다.
[uan] : 'uan'과 'üan'은 혼동하기 쉽습니다. 주의하세요.
[uen] : 성모와 결합할 때 'un'으로 씁니다. 발음은 '운'으로 해도 됩니다.

uang	ueng
[우앙]	[우엉]
shuang	weng
wang	

[ueng] : 'ueng'은 결합하는 성모가 없습니다. 운모로만 음절을 구성합니다.

- **ü 결합운모** : ü와 결합할 수 있는 성모는 n, l, j, q, x뿐입니다. 성모 j, q, x와 결합할 때는 '땡땡이'를 생략하고, 단독으로 음절 구성 시, ü 앞에 y를 쓰고 '땡땡이'는 생략합니다.

Track 12

üe	üan	ün
[위에]	[위엔]	[윈]
jue	quan	xun
yue	yuan	yun

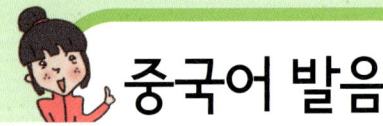

중국어 발음

4. 여러 가지 성조 변화

① 3성의 성조 변화

- 3성과 3성이 결합할 때는 앞의 '3성'은 '2성'으로 읽습니다.

  3성 + 3성 ➡ 2성 + 3성

  你好 nǐ hǎo → ní hǎo 안녕
  很好 hěn hǎo → hén hǎo 매우 좋다

- 3성이 여러 개 나오면, 마지막 3성 앞부분까지 2성으로 읽습니다.

  我很想你。Wǒ hěn xiǎng nǐ. → Wó hén xiáng nǐ. 나는 당신이 보고 싶다.

- 3성이 1성, 2성, 4성, 경성과 결합할 때는 앞의 '3성'을 '반3성'으로 읽습니다.

  3성 + 1성/2성/4성/경성 ➡ 반3성 + 1성/2성/4성/경성

  我吃。Wǒ chī. 나는 먹는다.
  我来。Wǒ lái. 나는 온다.
  我去。Wǒ qù. 나는 간다.
  我吗? Wǒ ma? 나요?

> **Tip** 3성의 특수한 성조 변화 현상
>
> 3성과 3성에서 변한 경성이 결합할 때는 '3성'을 '2성'으로 읽습니다.
>
> 3성 + 3성에서 변한 경성 ➡ 2성 + 경성
>
> 小姐 xiǎojiě → xiǎojie → xiáojie 아가씨
> 等等 děngděng → děngdeng → déngdeng 기타, 등등
> 老虎 lǎohǔ → lǎohu → láohu 호랑이
> 等我 děng wǒ → děng wo → déng wo 나를 기다리다

| 성조 변화

② 4성의 성조 변화

4성과 4성이 결합할 때는 앞의 '4성'을 '반4성'으로 읽습니다.

4성 + 4성 ◎ 반4성 + 4성

再见 zàijiàn 안녕히 가세요
见面 jiànmiàn 만나다

③ 一의 성조 변화

- '一'의 성조가 변하지 않을 때

  - 단독으로 쓰일 때 一 yī 1, 하나
  - 서수로 쓰일 때 第一 dì-yī 첫 번째 | 星期一 xīngqīyī 월요일 | 十一 shíyī 11

- '一'는 1성, 2성, 3성 앞에 놓일 때는 '4성'으로 읽습니다.

  yī + 1성/2성/3성 ◎ yì + 1성/2성/3성

  一张 yì zhāng 한 장
  一年 yì nián 1년
  一起 yìqǐ 같이

- '一'는 4성이나 4성에서 변한 경성 앞에 놓일 때는 '2성'으로 읽습니다.

  yī + 4성/경성 ◎ yí + 4성/경성

  一辈子 yíbèizi 한평생
  一定 yídìng 반드시

④ 不의 성조 변화

- '不'는 4성 앞에서는 '2성'으로 읽습니다.

  bù + 4성 ◎ bú + 4성

  不去 bú qù 안 가다
  不看 bú kàn 안 보다

중국어 발음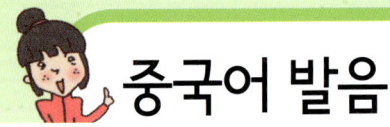

- '不'는 1성, 2성, 3성 앞에서는 '4성' 그대로 읽습니다.

  bù + 1성/2성/3성 ◐ bù + 1성/2성/3성

  不喝 bù hē 마시지 않다
  不来 bù lái 오지 않다
  不晚 bù wǎn 늦지 않다

⑤ 이름, 지명의 특수한 성조

세 글자로 된 이름, 지명, 나라 이름에서 두 번째 글자는 경성으로 읽습니다.

习近平 Xí Jìnpíng → Xí Jinpíng 시진핑
哈尔滨 Hā'ěrbīn → Hā'erbīn 하얼빈
加拿大 Jiānádà → Jiānadà 캐나다

⑥ 격음부호

a, o, e로 시작하는 음절이 다른 음절의 뒤에 올 경우, 음절 간의 경계를 분명하게 하기 위해 격음부호 [']를 씁니다.

西安 Xīān → Xī'ān 시안
海鸥 hǎiōu → hǎi'ōu 갈매기
晚安 wǎnān → wǎn'ān 안녕히 주무세요
天鹅 tiāné → tiān'é 백조

⑦ 儿化 현상

단어의 마지막 음절에 '儿'을 붙여 발음을 굴려 주는 현상으로 회화에서 많이 씁니다. '儿'을 붙이면 좀 더 친근한 느낌이 듭니다. 병음 마지막 부분에 'r'을 붙이면 儿化가 됩니다.

一块儿 yíkuàir 함께
后跟儿 hòugēnr 뒤꿈치
空儿 kòngr 겨를, 틈
花儿 huār 꽃

小孩儿 xiǎoháir 어린아이
一点儿 yìdiǎnr 조금
眼镜儿 yǎnjìngr 안경
唱歌儿 chànggēr 노래를 부르다

| 성조 변화

◉ **중국어 품사와 문장 성분**

중국어 문장을 분석할 때는 품사와 문장 성분을 알아야 하는데요, 품사를 '문장'이라는 자동차에 들어가는 '부품'이라고 한다면, 문장 성분은 각각의 부품이 '자동차를 움직이게 하는 기능'이라고 할 수 있습니다. 중국어의 문장 성분에는 관형어, 주어, 부사어, 술어, 목적어, 보어가 있습니다.

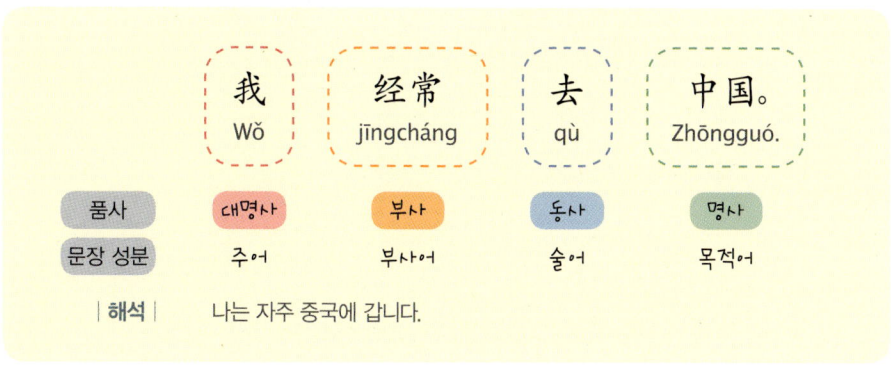

일러두기

● 품사 약어표

품사명	약어	품사명	약어	품사명	약어
명사	명	고유명사	고유	조동사	조동
동사	동	인칭대명사	대	접속사	접
형용사	형	의문대명사	대	감탄사	감탄
부사	부	지시대명사	대	접두사	접두
수사	수	어기조사	조	접미사	접미
양사	양	동태조사	조		
전치사	전	구조조사	조		

● 고유명사 표기

중국의 지명, 기관 등의 명칭은 중국어 발음을 한국어로 표기하였고, 인명은 각 나라에서 실제로 읽히는 발음을 한국어로 표기했습니다.

예) 北京 Běijīng 베이징   金成功 Jīn Chénggōng 김성공   安娜 Ānnà 안나

이 책의 주요 등장인물

金成功
Jīn Chénggōng

30세, 한국인
슈리어패럴
해외 영업부 대리

高笑美
Gāo Xiàoměi

28세, 중국인
김성공의
직장 동료

韩新
Hán Xīn

42세, 슈리어패럴
해외 영업부 부장
김성공의 직장 상사

你好!
Nǐ hǎo!
안녕하세요!

상황 1   처음 만났을 때
상황 2   오랜만에 만났을 때
상황 3   감사 인사
상황 4   미안할 때

– 인칭대명사 | 3성의 성조 변화 | 不의 성조 변화

웃는 낯에 침 못 뱉는다고
국적 불문하고 사람은 인사를 잘해야 한다는 것이
열혈 사원 김성공의 인생 지침 중 하나이다.
나 김! 성! 공! 올해도 직장 생활을 좀 더 멋지게 하기 위해
언제나 웃는 낯으로 모든 이들에게 인사하리라~~

Track 13

핵심구문 ❶
你好!
안녕하세요!

핵심구문 ❷
谢谢!
고맙습니다.

핵심구문 ❸
对不起。
죄송합니다.

맛있는 단어

Track 14

| 你 | nǐ | 때 당신, 너 |
| 好 | hǎo | 형 좋다 |

坏 huài 나쁘다

你好	nǐ hǎo	안녕하세요!, 안녕!
好久不见	hǎo jiǔ bú jiàn	오랜만입니다
谢谢	xièxie	고맙습니다
不客气	bú kèqi	별말씀을요
对不起	duìbuqǐ	죄송합니다, 미안합니다
没关系	méi guānxi	괜찮습니다

맛있는 회화

상황 1 처음 만났을 때　Track 15

金成功　你好!
　　　　Nǐ hǎo!

高笑美　你好!
　　　　Nǐ hǎo!

상황 2 오랜만에 만났을 때　Track 16

金成功　好久不见!
　　　　Hǎo jiǔ bú jiàn!

高笑美　好久不见!
　　　　Hǎo jiǔ bú jiàn!

Tip
- '你好!'는 일반적인 인사말입니다. 좀 더 격식을 차려야 하는 자리에서는 '您好!(Nín hǎo! 안녕하십니까?)'라고 인사합니다.
- '谢谢!'에 대한 대답을 할 때, 편한 사이인 경우에는 '不客气' 대신 '不用谢(búyòng xiè 괜찮아요)'나 '不谢(búxiè 천만에요)'를 씁니다.
- '对不起'에 대한 대답을 할 때, 편한 사이인 경우에는 '没关系'나 '没事儿(méishìr 괜찮아요)'을 씁니다.

| Dialogue

상황 3 감사 인사 (Track 17)

金成功　谢谢!
　　　　Xièxie!

高笑美　不客气。
　　　　Bú kèqi.

상황 4 미안할 때 (Track 18)

金成功　对不起。
　　　　Duìbuqǐ.

高笑美　没关系。
　　　　Méi guānxi.

| Grammar

❶ 인칭대명사

	1인칭	2인칭	3인칭		
단수형	我 wǒ 나	你 nǐ 너 您 nín 당신	他 tā 그	她 tā 그녀	它 tā 그것
복수형	我们 wǒmen 우리들	你们 nǐmen 너희들 *您们 (X)	他们 tāmen 그들	她们 tāmen 그녀들	它们 tāmen 그것들

❷ 3성의 성조 변화

① 3성과 3성이 만나면, 첫 번째 3성은 2성으로 읽습니다.

你好! Nǐ hǎo! 안녕하세요　　　首尔 Shǒu'ěr 서울

② 3성과 1성, 2성, 4성, 경성이 만나면 3성은 반3성으로 읽습니다.

3성+1성　北京 Běijīng 베이징　　3성+2성　旅行 lǚxíng 여행
3성+4성　礼物 lǐwù 선물　　　　3성+경성　眼睛 yǎnjing 눈

❸ 不의 성조 변화

① '不+4성'일 때, 不는 2성으로 읽습니다.

不去 bú qù 안 가다　　　不看 bú kàn 안 보다

② '不+1성, 2성, 3성'일 때, 不는 4성으로 읽습니다.

不+1성　不吃 bù chī 안 먹다
不+2성　不来 bù lái 안 오다
不+3성　不买 bù mǎi 안 사다

맛있는 발음

| Pronunciation

◯ 기본 성조를 연습해 보세요. Track 19

b+a	bā	bá	bǎ	bà	ba
f+u	fū	fú	fǔ	fù	fu
h+e	hē	hé	hě	hè	he

l+ai	lāi	lái	lǎi	lài	lai
m+an	mān	mán	mǎn	màn	man
n+ao	nāo	náo	nǎo	nào	nao

j+ing	jīng	jíng	jǐng	jìng	jing
q+ian	qiān	qián	qiǎn	qiàn	qian
c+ong	cōng	cóng	cǒng	còng	cong

zh+ang	zhāng	zháng	zhǎng	zhàng	zhang
ch+uai	chuāi	chuái	chuǎi	chuài	chuai
sh+uan	shuān	shuán	shuǎn	shuàn	shuan

연습 문제

1 녹음을 잘 듣고 다음 내용에 맞는 그림을 고르세요. Track 20

A

B

C

D

❶ 谢谢! （　　）

❷ 你好! （　　）

❸ 对不起。 （　　）

2 녹음을 잘 듣고 한어병음에 맞는 한자를 쓰세요. Track 21

❶

nǐ	bù	jiàn	nǐ hǎo

❷

bú kèqi	hǎo jiǔ bú jiàn	méi guānxi

3 서로 어울리는 대화끼리 연결하세요.

❶ 你好!　　·　　　　　　·　A 不客气。

❷ 好久不见!　·　　　　　·　B 没关系。

❸ 谢谢!　　·　　　　　　·　C 你好!

❹ 对不起。　·　　　　　　·　D 好久不见!

4 다음을 중국어로 써 보세요.

❶ 고맙습니다.

　➡ _____

❷ 오랜만이네요.

　➡ _____

❸ 미안합니다.

　➡ _____

❹ 괜찮습니다.

　➡ _____

문화 속으로

● 중국을 소개합니다

　소개팅의 묘미는 흥미진진한 '호구 조사'에 있지 않을까? 그렇다면 비즈니스를 위해 중국어와 처음 만난 우리도 중국의 배경에 대해 조금은 알아야 하지 않을까?

　솔직히 요즘엔 좋은 정보들이 넘쳐 나다 보니, 사전 정보로 알고 있는 것들도 꽤 된다. 가령 다른 건 몰라도 최소한 중국의 면적이 960만 평방킬로미터이고, 공식 인구 13억에 비공식 인구까지 합치면 인구가 15억쯤 될 거라는 것, 그리고 광활한 토지에 56개 민족이 골고루 분포되어 살고 있는데, 그중에서 한족(汉族 Hànzú)이 90% 이상을 차지한다는 정도?

▲ 56개 민족이 함께 사는 중국

　이 정도만 알고 있어도 충분히 어깨를 으쓱하며 우쭐한 표정을 지을 수 있겠지만, 중국에 대해 좀 더 구체적으로 몇 가지만 알고 가자. 중국의 정식 명칭은 中华人民共和国(Zhōnghuá Rénmín Gònghéguó)이다. 이것은 중국이 1949년에 사회주의 국가로 변신하면서 새로 만든 이름이다.

　베이징 티엔안먼(天安门 Tiān'ānmén)광장에서 중국이 사회주의 국가를 수립하겠다고 선포한 날이 1949년 10월 1일이라, 중국은 이날을 가장 큰 공휴일로 지정하고 있다.(제1대 주석은 毛泽东(Máo Zédōng)이다.) 한 번쯤은 들어 봤을 '국경절(건국기념일)'은 바로 이날을 기념한다.

▲ 개혁 개방 정책을 실시한 덩샤오핑

　사실 21세기를 살고 있는 중국은 겉으로만 본다면 자본주의 국가인 한국보다 더 자본주의 같다는 말을 많이 듣는다. 그러나 중국도 초기에는 많은 시행착오를 거쳤다. 1950년대 후반 대약진 운동과 1960년대 중반에서 70년대에 걸친 문화대혁명을 겪으면서 약간 주춤하던 중국은 1978년 이후 '개혁 개방'을 기치로 내걸기 시작했는데, 진정한 '개혁 개방'이 실시된 것은 1992년 덩샤오핑(邓小平 Dèng Xiǎopíng)의 남순강화(南巡讲话)부터라고 할 수 있다. 그렇다고 해서 중국이 사회주의를 포기하고 자본주의로 가려는 것은 아니다. 중국의 개혁 개방은 사회주의를 더 높은 단계로 끌어올리기 위한 과정이다.

　우리는 중국과 참으로 긴 시간을 이웃하며 살아왔는데, 어떤 면에서 보면 모르는 부분도 많고 오해하고 있는 부분도 많은 것 같다. 앞으로는 비즈니스 파트너로서 빼놓을 수 없는 친구이니 중국에 대해 객관적이고 올바르게 파악해서 비즈니스에 십분 활용하자.

02과

再见!
Zàijiàn!

안녕히 가세요!

 인사

- 상황 1 아침 인사
- 상황 2 헤어질 때
- 상황 3 축하 인사
- 상황 4 신년 인사

— 이름이나 지명의 특수한 성조 | 격음부호 | 4성의 성조 변화

역시나 인사와 웃는 얼굴이 최고다.

인사를 잘하다 보니 상사부터 동료들까지 급호감으로 나를 대한다.

비록 가끔씩 실수도 범하지만,

나의 너털웃음에는 다들 어쩔 수 없다는 표정이다.

김성공 만세!!

Track 22

핵심구문 ❶
早上好!
좋은 아침입니다.

핵심구문 ❷
再见!
안녕히 가세요. 안녕히 계세요.

핵심구문 ❸
恭喜恭喜!
축하합니다.

 맛있는 단어

- 早上　　　　zǎoshang　　　　명 아침
  中午 zhōngwǔ 점심 | 晚上 wǎnshang 저녁

- 早上好　　　zǎoshang hǎo　　좋은 아침입니다, 좋은 아침!

- 早　　　　　zǎo　　　　　　　형 이르다, 좋은 아침!
  晚安 wǎn'ān 안녕히 주무세요!

- 再见　　　　zàijiàn　　　　　안녕히 가세요, 잘 가!
  拜拜 báibai 바이바이(bye-bye) | 再会 zàihuì 안녕히 가세요!

- 恭喜　　　　gōngxǐ　　　　　동 축하합니다
  恭喜恭喜 gōngxǐ gōngxǐ 축하합니다

- 新年快乐　　xīnnián kuàilè　　새해 복 많이 받으세요, Happy New Year
  新年 xīnnián 신년, 새해 | 快乐 kuàilè 즐겁다, 행복하다 | 过年好 guònián hǎo 새해 복 많이 받으세요

맛있는 회화

상황 1 아침 인사 Track 24

金成功 **早上好!**
Zǎoshang hǎo!

高笑美 **早!**
Zǎo!

상황 2 헤어질 때 Track 25

金成功 **再见!**
Zàijiàn!

高笑美 **再见!**
Zàijiàn!

- '안녕히 주무세요'라는 인사는 '晚安!(Wǎn'ān!)'을 씁니다.
- 오랜 시간 동안 이별할 때는 '咱们后会有期!(Zánmen hòu huì yǒu qī! 후에 다시 만납시다!)'라고 인사할 수 있습니다.

| Dialogue

상황 3 축하 인사 Track 26

高笑美 恭喜恭喜!
Gōngxǐ gōngxǐ!

金成功 谢谢谢谢!
Xièxie xièxie!

상황 4 신년 인사 Track 27

金成功 新年快乐!
Xīnnián kuàilè!

高笑美 新年快乐!
Xīnnián kuàilè!

Biz 맛있는 어법

| Grammar

❶ 이름이나 지명의 특수한 성조

세 글자로 된 이름, 지명, 나라 이름에서 두 번째 글자는 경성으로 읽습니다.

金成功 Jīn Chénggōng → Jīn Chenggōng 김성공

新西兰 Xīnxīlán → Xīnxilán 뉴질랜드

加拿大 Jiānádà → Jiānadà 캐나다

❷ 격음부호

a, o, e로 시작하는 음절이 다른 음절 뒤에 올 경우, 음절 간의 경계를 분명하게 하기 위해 격음부호 [']를 씁니다.

西安 Xīān → Xī'ān 시안 　　晚安 wǎnān → wǎn'ān 안녕히 주무세요

海鸥 hǎiōu → hǎi'ōu 갈매기　　天鹅 tiāné → tiān'é 백조

哈尔滨 Hāěrbīn → Hā'ěrbīn 하얼빈

❸ 4성의 성조 변화

4성과 4성이 만나면 앞의 4성은 반4성으로 읽습니다.

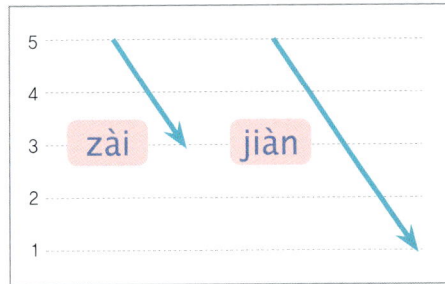

再见 zàijiàn 안녕히 가세요

见面 jiànmiàn 만나다

贸易 màoyì 무역

会议 huìyì 회의

맛있는 발음

| Pronunciation

➡ '1성과 다른 성조'의 결합을 연습해 보세요.   Track 28

1성+1성
fēijī 비행기 飞机
jīntiān 오늘 今天
cāntīng 식당 餐厅

1성+2성
huānyíng 환영하다 欢迎
Zhōngguó 중국 中国
Chūnjié 설 春节

1성+3성
jīchǎng 공항 机场
shēngchǎn 생산하다 生产
shēntǐ 몸, 신체 身体

1성+4성
chīfàn 밥을 먹다 吃饭
shāngdiàn 상점 商店
zhōumò 주말 周末

1성+경성
māma 엄마 妈妈
xiūxi 쉬다 休息
yīfu 옷 衣服

2과 재견! • 41

연습 문제

1 녹음을 잘 듣고 다음 내용에 맞는 그림을 고르세요. Track 29

A

B

C

D

❶ 再见!   (　　　)

❷ 恭喜恭喜!   (　　　)

❸ 新年快乐!   (　　　)

2 녹음을 잘 듣고 한어병음에 맞는 한자를 쓰세요. Track 30

❶ | zǎo | zàijiàn | hǎo | zǎoshang |
| --- | --- | --- | --- |
| | | | |

❷ | gōngxǐ gōngxǐ | xīnnián kuàilè |
| --- | --- |
| | |

| Exercise

3 서로 어울리는 대화끼리 연결하세요.

❶ 早上好!   •   • A 新年快乐!

❷ 再见!   •   • B 谢谢!

❸ 恭喜恭喜! •   • C 早!

❹ 新年快乐! •   • D 再见!

4 다음을 중국어로 써 보세요.

❶ 새해 복 많이 받으세요.
➡ _____

❷ 안녕히 가세요.
➡ _____

❸ 좋은 아침이네요.
➡ _____

❹ 축하해요.
➡ _____

플러스 표현

● 다양한 인사말

☐ **周末愉快!** 주말 잘 보내세요.
Zhōumò yúkuài!

☐ **祝你身体健康。** 건강하시길 빕니다.
Zhù nǐ shēntǐ jiànkāng.

☐ **祝你生日快乐。** 생일 축하해요.
Zhù nǐ shēngrì kuàilè.

☐ **多保重。** 건강하게 잘 지내세요.
Duō bǎozhòng.

☐ **祝你一路平安。**
Zhù nǐ yílù píng'ān.
가시는 길 평안하시길 바랍니다. /
편안한 여정 되시길 바랍니다.

▲ 祝你生日快乐。

▲ 欢迎光临。

☐ **欢迎光临。** 어서 오세요.
Huānyíng guānglín.

☐ **麻烦你了。** 폐를 끼쳤습니다.
Máfan nǐ le.

☐ **过奖过奖。** 과찬이십니다.
Guòjiǎng guòjiǎng.

☐ **请慢走。** 살펴 가세요.
Qǐng màn zǒu.

☐ **请留步。** 나오지 마세요.
Qǐng liúbù.

我是韩国人。
Wǒ shì Hánguórén.

저는 한국인입니다.

상황1	성씨 묻기
상황2	이름 묻기
상황3	국적 묻기

- 의문대명사 什么 | 是자문 | 吗로 묻는 의문문

오늘 멋지게 한 방 먹었다. 중국에서 온 동료를 향해

'你好! 你叫什么名字? (안녕하세요! 성함은 어떻게 되나요?)'

하고 물었더니, 묘한 웃음을 머금은 채

'안 가르쳐 주고 싶은데요!' 하는 것이 아닌가. 아뿔싸! 맞다, 맞아!

중국에서는 처음 만날 때 성씨를 먼저 묻는다고 했는데……

핵심구문 ❶
您贵姓?
성씨가 어떻게 되시나요?

핵심구문 ❷
你叫什么名字?
성함은 어떻게 되나요?

핵심구문 ❸
我是韩国人。
저는 한국인입니다.

맛있는 단어

Track 32

您	nín	때 당신 *你 nǐ의 존댓말
贵姓	guìxìng	통 성씨가 어떻게 되십니까?
我	wǒ	때 나
姓	xìng	명 성, 성씨 통 성이 ~이다
金	Jīn	고유 김(성씨)
叫	jiào	통 ~라고 부르다
什么	shénme	때 무엇
名字	míngzi	명 이름
金成功	Jīn Chénggōng	고유 김성공(인명)
是	shì	통 ~이다
哪	nǎ	때 어디, 어느, 어떤
国	guó	명 나라
人	rén	명 사람
韩国人	Hánguórén	명 한국인

日本人 Rìběnrén 일본인 | 美国人 Měiguórén 미국인

他	tā	때 그 남자, 그 사람, 그

她 tā 그녀 | 它 tā 그것

也	yě	부 ~도
吗	ma	조 ~입니까?
不	bù	부 ~가 아니다
中国人	Zhōngguórén	명 중국인

맛있는 회화

상황 1 성씨 묻기　Track 33

高笑美　您贵姓?
　　　　Nín guìxìng?

金成功　我姓金。
　　　　Wǒ xìng Jīn.

상황 2 이름 묻기　Track 34

高笑美　你叫什么❶名字?
　　　　Nǐ jiào shénme míngzi?

金成功　我叫金成功。
　　　　Wǒ jiào Jīn Chénggōng.

+ **중국어의 어순**

중국어의 어순은 일반적으로 '주어+술어+목적어'입니다. 즉, 중국어의 기본 문형은 '동사술어문'이라 할 수 있습니다.

주어 술어 목적어
他 是 韩国人。그는 한국인입니다.
Tā shì Hánguórén.

+ **제3자의 성씨를 물을 때**

중국인들은 처음 만났을 때, 상대방의 성씨를 먼저 묻는데, 제3자의 성씨를 물을 때는 '他(她)姓什么?'를 씁니다.

A 他姓什么?　그는 성씨가 어떻게 되나요?
　Tā xìng shénme?

B 他姓李(韩/吴/崔/朴/张/王/高)。그는 이(한/오/최/박/장/왕/고) 씨입니다.
　Tā xìng Lǐ(Hán/Wú/Cuī/Piáo/Zhāng/Wáng/Gāo).

| Dialogue

상황 3 국적 묻기 Track 35

高笑美　你是❷哪国人?
　　　　Nǐ shì nǎ guó rén?

金成功　我是韩国人。
　　　　Wǒ shì Hánguórén.

高笑美　他也是韩国人吗?❸
　　　　Tā yě shì Hánguórén ma?

金成功　他不是韩国人，是中国人。
　　　　Tā bú shì Hánguórén, shì Zhōngguórén.

Biz 맛있는 어법

| Grammar

❶ 의문대명사 什么

什么는 주로 사물을 물을 때 씁니다. 중국어에서는 의문대명사로 물을 때 어순이 바뀌지 않습니다.

你叫什么名字? 당신은 이름이 뭐예요?
Nǐ jiào shénme míngzi?

这是什么? 이것은 무엇인가요?
Zhè shì shénme?

* 这 zhè 대 이, 이것

❷ 是자문

'A는 B입니다'라는 표현을 할 때 동사 是를 쓰는데, 이런 문장을 是자문이라고 합니다.

긍정형 A 是 B : A는 B입니다

我爸爸是总经理。 우리 아빠는 사장님이십니다.
Wǒ bàba shì zǒngjīnglǐ.

他是韩国人。 그는 한국인입니다.
Tā shì Hánguórén.

* 爸爸 bàba 명 아빠, 아버지
* 总经理 zǒngjīnglǐ 명 최고 경영자, 사장

부정형 A 不是 B : A는 B가 아닙니다

我爸爸不是总经理。 우리 아빠는 사장님이 아닙니다.
Wǒ bàba bú shì zǒngjīnglǐ.

他不是韩国人。 그는 한국인이 아닙니다.
Tā bú shì Hánguórén.

❸ 吗로 묻는 의문문

문장 끝에 조사 吗를 쓰면 '~입니까?'라는 의문문이 됩니다.

你是金成功吗? 댁이 김성공 씨인가요?
Nǐ shì Jīn Chénggōng ma?

他是中国人吗? 저 사람은 중국인인가요?
Tā shì Zhōngguórén ma?

맛있는 발음

| Pronunciation

➡ '2성과 다른 성조'의 결합을 연습해 보세요.

2성+1성
zuótiān 어제 昨天
míngtiān 내일 明天
qiántiān 그저께 前天

2성+2성
xuéxí 공부하다 学习
yínháng 은행 银行
Hánguó 한국 韩国

2성+3성
yóuyǒng 수영하다 游泳
Déyǔ 독일어 德语
píjiǔ 맥주 啤酒

2성+4성
xíguàn 습관 习惯
tóngshì 동료 同事
xuéxiào 학교 学校

2성+경성
fángzi 집 房子
péngyou 친구 朋友
pútao 포도 葡萄

연습 문제

1 녹음을 잘 듣고 다음 내용에 맞는 그림을 고르세요. Track 37

A    B

C    D

❶ 我姓金。　　　　　　　　　　　　　　（　　　）

❷ 我是中国人。　　　　　　　　　　　　（　　　）

❸ 她不是中国人，是韩国人。　　　　　　（　　　）

2 녹음을 잘 듣고 한어병음에 맞는 한자를 쓰세요. Track 38

❶
nín	shì	nǎ	guó

❷
guìxìng	shénme míngzi	Hánguórén

| Exercise

3 서로 어울리는 대화끼리 연결하세요.

❶ 您贵姓?　　　　•　　　　•　A　他姓韩。

❷ 你叫什么名字?　•　　　　•　B　我姓金。

❸ 她是哪国人?　　•　　　　•　C　我叫高笑美。

❹ 他姓什么?　　　•　　　　•　D　她是中国人。

4 다음을 중국어로 써 보세요.

❶ 저는 이 씨입니다.

➡ _____

❷ 저 사람은 이름이 뭔가요?

➡ _____

❸ 저는 김성공입니다.

➡ _____

❹ 저 사람도 한국인입니다.

➡ _____

문화 속으로

● 첫 만남을 근사하게

지도만 펼쳐 놓고 보면 걸어서 몇 발짝만 가면 닿을 것 같은 중국.

반 만 년 역사를 우리와 이웃해 살면서 숱한 '스토리'를 참 많이도 만들어 냈던 이웃나라가 아니었던가! 그래서 그런지 '중국인' 하면 왠지 친근하고 우리의 문화와 많이 닮아 있을 것 같다는 생각을 하게 된다. 그러나 이런 '좋은 생각'이 철저하게 오해였다는 사실을 우리는 그들과의 첫 만남에서부터 느끼게 된다.

우리는 처음 만나면 예의 바르게 인사하고 상대의 이름을 물어 본다. 그래서 우리나라에서처럼 아주 예의 바르게 중국 바이어를 향해 '您好!' 하고 쌩긋 미소를 지으며 그다음 말을 이어간다. '你叫什么名字?' 그런데 여기서 상대의 표정이 약간 '뜨악'하다. 마치 '내 이름은 알아서 뭐하게?' 하고 기분 나빠 하는 것 같다. 아차차!! 알고 보니 중국인한테는 '您贵姓?'을 먼저 물어봐야 한단다. 이름을 알려면 반드시 성씨를 먼저 알아야 한다? 그럼 이름을 바로 묻는 경우는 없을까? 있긴 하다. 상대가 나보다 한참 어린 경우에는 바로 이름을 물어도 상관없다. 예를 들어, 어린아이일 경우에는 굳이 존칭을 써가며 '您贵姓?' 할 필요가 없다는 뜻이다.

▲ 친근한 이웃 중국

▲ 명함상으로 이름을 확인하는 중국인

실제로 중국과의 비즈니스에서는 상대의 이름은 거의 명함상으로 확인하고, '你叫什么名字?'라고 묻는 경우는 거의 없다는 말씀. 굳이 꼭 물어야겠다면 일단 성씨를 물은 후에 물으면 된다. 별 것 아닌 것 같지만, 사소한 차이가 명품을 만들지 않던가! 중국과의 비즈니스에서 성공하려면 중국인들의 사소한 예절에 주의하자!

자~ 그럼 다시 한 번 반복, 중국인과의 첫 만남에선? 성씨부터 물어라! 그렇다면 상대가 나의 성씨를 물으면? '免贵姓韩(Miǎn guìxìng Hán)' 혹은 '我姓韩(Wǒ xìng Hán)'으로 자신 있게 대답하자.

这是我的名片。
Zhè shì wǒ de míngpiàn.

이것은 제 명함입니다.

상황1	명함 주고받기
상황2	호칭 묻기
상황3	첫 만남

— 지시대명사 | 구조조사(结构助词) 的(1) | 의문사 怎么

직장 생활에 꼭 필요한 명함!
백수 탈출을 꿈꾸는 이유 중 하나도 바로 이 '명함'을
갖기 위해서가 아닐까? 대기업이 아니면 어떠하리.
나의 능력을 인정해 주고 나의 실력을 발휘할 수 있는
회사가 최고지. 암 그렇고말고~

Track 39

핵심구문 ❶
这是我的名片。
이것은 제 명함입니다.

핵심구문 ❷
请问，怎么称呼?
저기, 호칭을 어떻게 하면 될까요?

핵심구문 ❸
免贵姓金。
저는 김 씨입니다.

맛있는 단어

张	Zhāng	고유 장(성씨)
总	zǒng	总经理(zǒngjīnglǐ 최고 경영자, 사장)의 줄임말로 '성씨(姓)+总'의 형식으로 쓰임

张总 Zhāng zǒng 장 사장님 | 李总 Lǐ zǒng 이 사장님 | 老总 lǎozǒng 사장님

这	zhè	대 이, 이것, 여기, 이 사람
的	de	조 ~의
名片	míngpiàn	명 명함
代理	dàilǐ	명 대리
请问	qǐngwèn	말씀 좀 여쭙겠습니다

请进 qǐng jìn 들어오세요 | 请坐 qǐng zuò 앉으세요

怎么	zěnme	대 어떻게, 어째서, 왜
称呼	chēnghu	명 호칭 동 ~라고 부르다
小	xiǎo	형 작다, 어리다 접두 성씨(姓) 앞에 쓰여 Mr 또는 Miss를 가리킴

小金 Xiǎo Jīn 미스터 김, 김 군 | 小韩 Xiǎo Hán 미스 한, 한 양

就	jiù	부 바로
行	xíng	동 좋다, ~해도 된다
您好	nín hǎo	안녕하세요! *'你好!'의 존댓말
免贵	miǎn guì	저의 성씨는 ~입니다 *본인을 낮추어 말하는 표현임
张明	Zhāng Míng	고유 장밍(인명)

맛있는 회화

상황 1 명함 주고받기　Track 41

金成功　张总，这❶是我的❷名片。
　　　　Zhāng zǒng, zhè shì wǒ de míngpiàn.

张　明　金代理，这是我的名片。
　　　　Jīn dàilǐ, zhè shì wǒ de míngpiàn.

상황 2 호칭 묻기　Track 42

张　明　请问，怎么❸称呼?
　　　　Qǐngwèn, zěnme chēnghu?

金成功　您叫我小金就行。
　　　　Nín jiào wǒ Xiǎo Jīn jiù xíng.

+ 请问으로 묻기

상대방에게 정중하게 물을 때는 请问을 씁니다.

请问，怎么称呼?　실례합니다만, 어떻게 호칭하면 될까요?
Qǐngwèn, zěnme chēnghu?

请问，哪位是金代理?　저기요, 어느 분이 김 대리님이신가요?
Qǐngwèn, nǎ wèi shì Jīn dàilǐ?

*位 wèi 양 분

| Dialogue

상황 3 첫 만남 Track 43

张明 **您好!**
Nín hǎo!

金成功 **您好!**
Nín hǎo!

张明 **您贵姓?**
Nín guìxìng?

金成功 **免贵姓金，您……?**
Miǎn guì xìng Jīn, nín……?

张明 **我姓张。**
Wǒ xìng Zhāng.

Biz 맛있는 어법

| Grammar

❶ 지시대명사

근칭	这 zhè 이	这个 zhège 이것	这儿(这里) zhèr(zhèlǐ) 여기
원칭	那 nà 저	那个 nàge 저것	那儿(那里) nàr(nàlǐ) 저기

这是名片。 이것은 명함입니다.
Zhè shì míngpiàn.

那是手机。 저것은 휴대 전화입니다.
Nà shì shǒujī.

* 手机 shǒujī 명 휴대 전화

❷ 구조조사(结构助词) 的(1)

구조조사 的는 '~의'라는 뜻으로 소유격을 만듭니다.

我的手机 내 휴대 전화
wǒ de shǒujī

总经理的车 사장님의 차
zǒngjīnglǐ de chē

他的电脑 그의 컴퓨터
tā de diànnǎo

我的妈妈 우리 엄마
wǒ de māma

* 车 chē 명 자동차
* 电脑 diànnǎo 명 컴퓨터
* 妈妈 māma 명 엄마, 어머니

주의 的가 친척이나 친구, 나라, 회사 등의 단어 앞에 쓰여 소유격을 나타낼 때는 的를 생략할 수 있습니다.

我的爸爸 → 我爸爸 우리 아빠
wǒ de bàba   wǒ bàba

我们的公司 → 我们公司 우리 회사
wǒmen de gōngsī   wǒmen gōngsī

我的朋友 → 我朋友 내 친구
wǒ de péngyou   wǒ péngyou

我的家 → 我家 우리 집
wǒ de jiā   wǒ jiā

我们的国家 → 我们国家 우리나라 → 我国 우리나라
wǒmen de guójiā   wǒmen guójiā   wǒ guó

* 公司 gōngsī 명 회사
* 朋友 péngyou 명 친구
* 家 jiā 명 집
* 国家 guójiā 명 국가

❸ 의문사 怎么

怎么는 '어떻게(방식), 왜(이유)'의 뜻을 나타내는 의문사입니다.

我们怎么去那儿? 우리 어떻게 거기에 가죠?
Wǒmen zěnme qù nàr?

你怎么不来? 자네 왜 안 와?
Nǐ zěnme bù lái?

* 去 qù 동 가다
* 来 lái 동 오다

맛있는 발음

| Pronunciation

➡ '3성과 다른 성조'의 결합을 연습해 보세요.

3성+1성
Běijīng 베이징 北京
hǎochī 맛있다 好吃
shǒujī 휴대 전화 手机

3성+2성
Měiguó 미국 美国
lǚxíng 여행하다 旅行
qǐchuáng 일어나다 起床

3성+3성
nǐ hǎo 안녕하세요 你好
lǎozǒng 사장님 老总
wǎndiǎn 연착하다 晚点

3성+4성
hǎokàn 예쁘다 好看
pǎobù 달리기하다 跑步
wǎnfàn 저녁밥 晚饭

3성+경성
zǎoshang 아침 早上
xǐhuan 좋아하다 喜欢
jiějie 언니(누나) 姐姐

연습 문제

1 녹음을 잘 듣고 다음 내용에 맞는 그림을 고르세요. Track 45

A

B

C

D

❶ 这是我的名片。 (　　　)

❷ 您叫我小金就行。 (　　　)

❸ 免贵姓高。 (　　　)

2 녹음을 잘 듣고 한어병음에 맞는 한자를 쓰세요. Track 46

❶

Zhāng	zǒng	zhè	dàilǐ

❷

zěnme	qǐngwèn	wǒ xìng Jīn

3 서로 어울리는 대화끼리 연결하세요.

❶ 这是什么?   •   • A 您叫我小高就行。

❷ 您好!   •   • B 这是我的名片。

❸ 请问，怎么称呼? •   • C 免贵姓金。

❹ 您贵姓?   •   • D 您好!

4 다음을 중국어로 써 보세요.

❶ 장 사장님, 이것은 제 명함입니다.

  ⇒ _____

❷ 성씨가 어떻게 되시죠?

  ⇒ _____

❸ 저는 고 씨입니다.

  ⇒ _____

❹ 김 대리라고 부르시면 됩니다.

  ⇒ _____

플러스 표현

● 첫 만남

☐ 初次见面。 처음 뵙겠습니다.
　Chūcì jiànmiàn.

☐ 请多多关照。 잘 부탁드립니다.
　Qǐng duōduō guānzhào.

☐ 见到您很高兴。 만나 뵙게 되어 기쁩니다.
　Jiàndào nín hěn gāoxìng.

☐ 认识您很高兴。 알게 되어 기쁩니다.
　Rènshi nín hěn gāoxìng.

☐ 久仰久仰。 말씀 많이 들었습니다.
　Jiǔyǎng jiǔyǎng.

☐ 久仰大名。 존함은 오래전에 들었습니다.
　Jiǔyǎng dàmíng.

▲ 见到您很高兴。

▲ 请喝茶。

☐ 久闻大名。 명성은 오래전부터 들었습니다.
　Jiǔwén dàmíng.

☐ 怎么和您联系? 어떻게 연락을 드리면 되죠?
　Zěnme hé nín liánxì?

☐ 我就是。 바로 접니다.
　Wǒ jiù shì.

☐ 路上辛苦了。 오시느라 고생하셨습니다.
　Lùshang xīnkǔ le.

☐ 请坐! 앉으세요.
　Qǐng zuò!

☐ 请喝茶。 차 드세요.
　Qǐng hē chá.

他是谁?
Tā shì shéi?
저분은 누구시죠?

 소개

- 상황1 자기 소개
- 상황2 동료 소개
- 상황3 가족 묻기
  - 양사(量词)와 명량사(名量词) | 有자문 | 几로 묻는 의문문

오늘 새로 들어온 신입 사원과 인사를 나눴다.
우리 회사에는 중국 국적을 가진 직원도 꽤 있기 때문에
나의 중국어 실력 향상에도 많은 도움이 될 것 같다.
나 김. 성. 공. 조만간 '뿌리부터 중국인 체질'이라는 별명을 얻으리라~

Track 47

핵심구문 ①
我是销售部金代理。
저는 영업부 김 대리입니다.

핵심구문 ②
他是谁?
저분은 누구시죠?

핵심구문 ③
我家有三口人。
우리 집은 세 식구입니다.

Biz 맛있는 단어

Track 48

人事部	rénshìbù	몡 인사부, 인사팀
许	Xǔ	고유 허(성씨)
销售部	xiāoshòubù	몡 영업부, 영업팀
位	wèi	양 분
韩	Hán	고유 한(성씨)
部长	bùzhǎng	몡 부장
谁	shéi(shuí)	대 누구
那	nà	대 저, 그, 저기, 저 사람
高	Gāo	고유 고(성씨)
家	jiā	몡 집 양 가정이나 회사 등을 세는 단위
有	yǒu	동 가지고 있다, 있다
几	jǐ	대 몇 *주로 10 이하의 수를 묻는 데 쓰임
口	kǒu	몡 입 양 식구 *가족을 표현하는 양사임
三	sān	수 3, 셋
没有	méiyǒu	동 없다 부 ~안 했다(méiyou)
兄弟姐妹	xiōngdì jiěmèi	몡 형제자매
啊	a	조 ~인가? *확인의 어감으로 쓰임
独生女	dúshēngnǚ	몡 외동딸
呢	ne	조 ~는? *생략의문문에 쓰임
老小	lǎoxiǎo	몡 막내
	老大 lǎodà 맏이, 첫째 | 老三 lǎosān 셋째	
两	liǎng	수 둘
个	ge	양 개 *가장 보편적으로 쓰는 양사로 사람이나 사물에 모두 쓰임
姐姐	jiějie	몡 언니, 누나
	妹妹 mèimei 여동생	

맛있는 회화

상황 1 자기 소개　Track 49

许代理　你好! 我是人事部许代理。
　　　　Nǐ hǎo! Wǒ shì rénshìbù Xǔ dàilǐ.

金成功　你好! 我是销售部金代理。
　　　　Nǐ hǎo! Wǒ shì xiāoshòubù Jīn dàilǐ.

상황 2 동료 소개　Track 50

高笑美　金代理，这位❶是……?
　　　　Jīn dàilǐ, zhè wèi shì……?

金成功　这位是销售部韩部长。
　　　　Zhè wèi shì xiāoshòubù Hán bùzhǎng.

高笑美　他是谁?
　　　　Tā shì shéi?

金成功　那位是人事部许代理。
　　　　Nà wèi shì rénshìbù Xǔ dàilǐ.

 **Tip**

✚ 呢로 묻는 생략의문문
앞에서 이미 한 질문을 반복하지 않기 위해, 명사나 대명사 뒤에 바로 呢를 붙여 묻습니다.
我妈妈是公司职员，你妈妈呢? 저희 어머니는 회사원인데, 그쪽 어머니는요?
Wǒ māma shì gōngsī zhíyuán, nǐ māma ne?
＊公司职员 gōngsī zhíyuán 명 회사원

✚ 수사 '2'의 용법
수사 '2'가 양사 앞에 쓰일 때는 二(èr)이라 읽지 않고, 两(liǎng)이라 읽습니다.

两个姐姐 언니(누나) 둘　　两本书 책 두 권　　两个人 두 사람
liǎng ge jiějie　　　　　　 liǎng běn shū　　　 liǎng ge rén

＊本 běn 양 권
＊书 shū 명 책

| Dialogue

상황 3 가족 묻기 Track 51

金成功 小高，你家有❷几❸口人?
Xiǎo Gāo, nǐ jiā yǒu jǐ kǒu rén?

高笑美 我家有三口人。
Wǒ jiā yǒu sān kǒu rén.

金成功 你没有兄弟姐妹啊?
Nǐ méiyǒu xiōngdì jiěmèi a?

高笑美 没有，我是独生女，你呢?
Méiyǒu, wǒ shì dúshēngnǚ, nǐ ne?

金成功 我是老小，我有两个姐姐。
Wǒ shì lǎoxiǎo, wǒ yǒu liǎng ge jiějie.

Biz 맛있는 어법

| Grammar

❶ 양사(量词)와 명량사(名量词)

양사는 명사를 세거나 동작의 횟수를 나타내는 품사로, 우리말의 '단위 의존명사'와 같은 역할을 합니다. 양사에는 명량사(名量词), 동량사(动量词), 부정양사(不定量词)가 있는데, 명량사는 명사를 세는 단위로 다음과 같은 형식으로 쓰입니다.

> 수사/지시대명사 这, 那+양사+명사

一**个**人 한 사람
yí ge rén

这**本**书 이 책
zhè běn shū

那**位**老师 저 선생님
nà wèi lǎoshī

* 老师 lǎoshī 명 선생님

❷ 有자문

동사 有는 소유의 뜻으로 '(주어)가 ~을 가지고 있다'로 해석됩니다. 부정형은 没有를 씁니다.

긍정형 주어+**有**+목적어 : ~을 가지고 있다

我**有**姐姐。나는 언니(누나)가 있어요.
Wǒ yǒu jiějie.

金代理**有**两部手机。김 대리는 휴대 전화를 두 대 갖고 있어요.
Jīn dàilǐ yǒu liǎng bù shǒujī.

* 部 bù 양 기계 또는 차량을 세는 단위

부정형 주어+**没有**+목적어 : ~을 가지고 있지 않다

我**没有**姐姐。나는 언니(누나)가 없어요.
Wǒ méiyǒu jiějie.

他**没有**手机。그는 휴대 전화를 갖고 있지 않아요.
Tā méiyǒu shǒujī.

❸ 几로 묻는 의문문

보통 10 이하의 수를 물을 때 几를 쓰는데, 가족이나 날짜와 시간을 물을 때도 几를 씁니다.

你有**几**本书? 책을 몇 권 가지고 있어요?
Nǐ yǒu jǐ běn shū?

你家有**几**口人? 그쪽 집은 몇 식구예요?
Nǐ jiā yǒu jǐ kǒu rén?

今天**几**月**几**号? 오늘은 몇 월 며칠이에요?
Jīntiān jǐ yuè jǐ hào?

* 今天 jīntiān 명 오늘
* 月 yuè 명 월, 달
* 号 hào 명 일

맛있는 발음

| Pronunciation

➡ '4성과 다른 성조'의 결합을 연습해 보세요. Track 52

4성+1성
jùcān 회식하다 聚餐
xiàbān 퇴근하다 下班
chànggē 노래하다 唱歌

4성+2성
dàxué 대학 大学
bàomíng 등록하다 报名
jiàgé 가격 价格

4성+3성
Hànyǔ 중국어 汉语
dìtiě 지하철 地铁
diànyǐng 영화 电影

4성+4성
jiànmiàn 만나다 见面
xiànzài 지금 现在
gùkè 고객 顾客

4성+경성
bàba 아빠 爸爸
mèimei 여동생 妹妹
xièxie 고맙습니다 谢谢

5과 他是谁? • 71

연습 문제

1 녹음을 잘 듣고 다음 내용에 맞는 그림을 고르세요. Track 53

A

B

C

D

❶ 这位是销售部金部长。 (   )

❷ 我家有三口人。 (   )

❸ 我有两个姐姐。 (   )

2 녹음을 잘 듣고 한어병음에 맞는 한자를 쓰세요. Track 54

❶

wèi	shéi	kǒu	jiā

❷

jiějie	méiyǒu	xiōngdì jiěmèi

| Exercise

3 서로 어울리는 대화끼리 연결하세요.

❶ 他是谁?　　　　　•　　　　•　A 我家有三口人。

❷ 我是独生女, 你呢?　•　　　　•　B 你好! 我是小高。

❸ 你家有几口人?　　•　　　　•　C 我有两个姐姐。

❹ 你好! 我是金代理。　•　　　　•　D 他是许代理。

4 다음을 중국어로 써 보세요.

❶ 이분은 영업부 한 부장님이세요.

➡ _____

❷ 형제자매가 있어요?

➡ _____

❸ 우리 집은 두 식구예요.

➡ _____

❹ 저는 언니가 없어요.

➡ _____

플러스 단어

• 중국 회사의 주요 직책

董事长 dǒngshìzhǎng 대표 이사, 회장, 이사장
执行董事 zhíxíng dǒngshì 상무 이사
总经理 zǒngjīnglǐ 최고 경영자, 사장
副总 fùzǒng 부사장
总监 zǒngjiān 총감독, 총책임자
财务总监 cáiwù zǒngjiān 최고 재무 관리자(CFO)
部门经理 bùmén jīnglǐ 업무 팀장, 부서장, 매니저
副经理 fùjīnglǐ 부팀장
业务主管 yèwù zhǔguǎn 업무 주관
科长 kēzhǎng 과장
主任 zhǔrèn 주임

▲ 董事长

• 가족

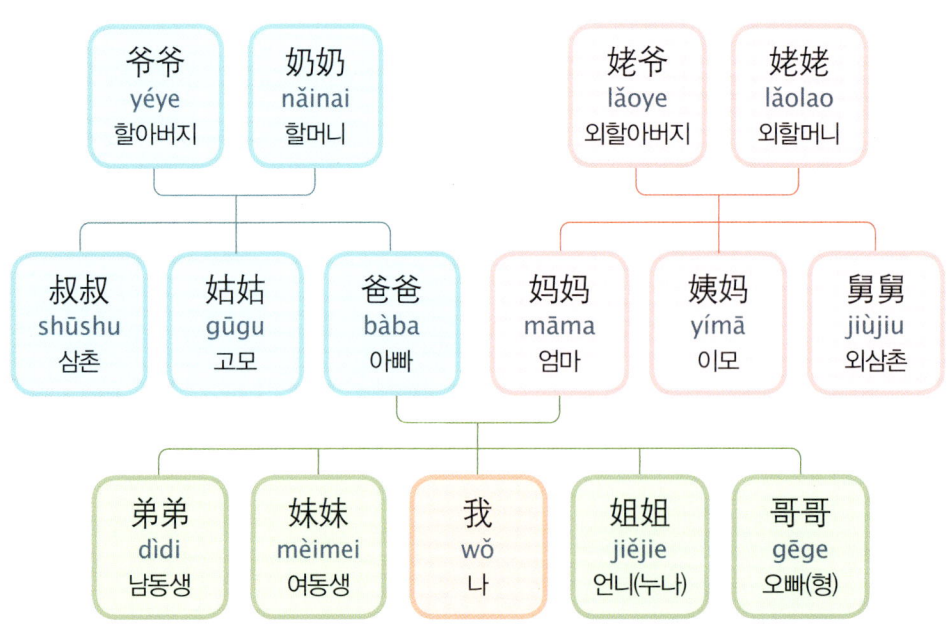

贵公司大吗?
Guì gōngsī dà ma?

귀사는 큰가요?

- 상황1 직업 묻기
- 상황2 직장 묻기
- 상황3 회사 상황 묻기

— 전치사 在 | 형용사술어문

'새내기 신입 사원 김성공입니다' 하고 인사하던 시절이 엊그제 같은데, 어느새 어엿한 '김성공 대리'가 되었다. 군기가 바짝 든 신입 사원들을 보면 예전의 내 모습이 떠올라 웃음이 나기도 한다. 저들에게 귀감이 되는 상사가 되도록 노력해야지~!

핵심구문 ❶

我是公司职员。
저는 회사원입니다.

핵심구문 ❷

我在贸易公司工作。
저는 무역 회사에서 일합니다.

핵심구문 ❸

贵公司大吗?
귀사는 큰가요?

Biz 맛있는 단어

Track 56

☐☐	做	zuò	통 하다
☐☐	工作	gōngzuò	명 일, 업무 통 일하다
☐☐	公司职员	gōngsī zhíyuán	명 회사원
☐☐	在	zài	전 ~에서
☐☐	哪儿	nǎr	대 어디
☐☐	服装公司	fúzhuāng gōngsī	명 의류 회사
☐☐	贸易公司	màoyì gōngsī	명 무역 회사
☐☐	贵	guì	형 비싸다, 귀하다
☐☐	公司	gōngsī	명 회사
☐☐	大	dà	형 크다, (나이가) 많다

　小 xiǎo 작다, (나이가) 어리다

☐☐	我们	wǒmen	대 우리(들)
☐☐	很	hěn	부 아주, 대단히
☐☐	员工	yuángōng	명 직원
☐☐	多	duō	형 많다

　少 shǎo 적다

☐☐	一百	yìbǎi	수 100, 백
☐☐	不太	bú tài	그리 ~하지 않다
☐☐	李冰冰	Lǐ Bīngbing	고유 리빙빙(인명)
☐☐	客户	kèhù	명 거래처, 바이어, 고객

Biz 맛있는 회화

상황 1 직업 묻기 (Track 57)

李冰冰: 你做什么工作?
Nǐ zuò shénme gōngzuò?

金成功: 我是公司职员。
Wǒ shì gōngsī zhíyuán.

상황 2 직장 묻기 (Track 58)

李冰冰: 你在❶哪儿工作?
Nǐ zài nǎr gōngzuò?

金成功: 我在服装公司工作, 你呢?
Wǒ zài fúzhuāng gōngsī gōngzuò, nǐ ne?

李冰冰: 我在贸易公司工作。
Wǒ zài màoyì gōngsī gōngzuò.

Tip

+ 의문대명사 哪儿

장소를 물을 때 의문대명사 哪儿을 씁니다.

你们去**哪儿**? 자네들 어디 가나?
Nǐmen qù nǎr?

*你们 nǐmen 대 너희(들)

| Dialogue

상황 3 회사 상황 묻기 Track 59

金成功 贵公司大吗?❷
Guì gōngsī dà ma?

客 户 我们公司很大。
Wǒmen gōngsī hěn dà.

金成功 员工多吗?
Yuángōng duō ma?

客 户 很多，有一百个人，贵公司呢?
Hěn duō, yǒu yìbǎi ge rén, guì gōngsī ne?

金成功 我们公司的员工不太多。
Wǒmen gōngsī de yuángōng bú tài duō.

맛있는 어법 | Grammar

❶ 전치사 在

전치사 在는 '~에서'라는 뜻으로 장소를 나타냅니다.

他**在**公司工作。 그는 회사에서 일합니다.
Tā zài gōngsī gōngzuò.

我们**在**中国学汉语。 우리는 중국에서 중국어를 배웁니다.
Wǒmen zài Zhōngguó xué Hànyǔ.

* 学 xué 동 배우다
* 汉语 Hànyǔ 명 중국어

❷ 형용사술어문

형용사가 술어가 되어 '주어가(는) 어떻다'고 묘사하는 문장을 형용사술어문이라 합니다.

[긍정형] 주어+**很**+형용사

我们公司**很**大。 우리 회사는 큽니다.
Wǒmen gōngsī hěn dà.

金代理**很**忙。 김 대리는 바쁩니다.
Jīn dàilǐ hěn máng.

* 忙 máng 형 바쁘다

[부정형] 주어+**不**+형용사

我们公司**不**大。 우리 회사는 크지 않아요.
Wǒmen gōngsī bú dà.

我**不**忙。 나는 안 바빠요.
Wǒ bù máng.

[의문형] 주어+형용사+**吗**?

贵公司大**吗**? 귀사는 큰가요?
Guì gōngsī dà ma?

你好**吗**? 잘 지내요?
Nǐ hǎo ma?

[주의] 형용사술어문의 긍정형에 쓰이는 정도부사 很은 해석하지 않습니다. 很을 제외한 다른 정도부사는 해석합니다.

맛있는 발음

| Pronunciation

➡ 3음절 읽기를 연습해 보세요.　　　Track 60

| bàngōngshì 사무실 办公室 | huǒchēzhàn 기차역 火车站 | dìtiězhàn 전철역 地铁站 | chūzūchē 택시 出租车 |

| yǎnchànghuì 콘서트 演唱会 | Zhōngqiūjié 추석 中秋节 | xīngqītiān 일요일 星期天 | dēngjīpái 탑승권 登机牌 |

| xǐshǒujiān 화장실 洗手间 | jiāyóuzhàn 주유소 加油站 | rénmínbì 인민폐 人民币 | xìnyòngkǎ 신용 카드 信用卡 |

| Tiān'ānmén 천안문, 티엔안먼 天安门 | bàojiàdān 견적서 报价单 | xiéyìshū 협의서 协议书 | zhǎnlǎnguǎn 전시관 展览馆 |

| gōngyìpǐn 공예품 工艺品 | ānquándài 안전벨트 安全带 | rùjìngkǎ 입국 카드 入境卡 | dǒngshìhuì 이사회 董事会 |

6과 贵公司大吗?　81

연습 문제

1 녹음을 잘 듣고 다음 내용에 맞는 그림을 고르세요. Track 61

A   B

C   D

❶ 我在服装公司工作。　　　　　　　　　　（　　　）

❷ 我们公司的员工很多。　　　　　　　　　　（　　　）

❸ 我是总经理。　　　　　　　　　　　　　　（　　　）

2 녹음을 잘 듣고 한어병음에 맞는 한자를 쓰세요. Track 62

❶ gōngzuò　　　zài　　　gōngsī zhíyuán

❷ màoyì　　　gōngsī dà　　　yuángōng duō

3 서로 어울리는 대화끼리 연결하세요.

❶ 贵公司大吗? • • A 我在贸易公司工作。

❷ 你在哪儿工作? • • B 不多。

❸ 你做什么工作? • • C 我们公司不太大。

❹ 你们公司的员工多吗? • • D 我是公司职员。

4 다음을 중국어로 써 보세요.

❶ 당신은 무슨 일을 하시나요?

➡ _____

❷ 저는 중국에서 일합니다.

➡ _____

❸ 우리 회사는 큽니다.

➡ _____

❹ 우리 회사의 직원은 그리 많지 않습니다.

➡ _____

플러스 단어

● 직업

总经理 zǒngjīnglǐ 최고 경영자, 사장
老板 lǎobǎn 사장
公司职员 gōngsī zhíyuán 회사원
画家 huàjiā 화가
音乐家 yīnyuèjiā 음악가

▲ 音乐家

医生 yīshēng 의사
公务员 gōngwùyuán 공무원
厨师 chúshī 요리사
司机 sījī 운전기사
记者 jìzhě 기자

▲ 医生

老师 lǎoshī 선생님
律师 lǜshī 변호사
会计师 kuàijìshī 회계사
美发师 měifàshī 미용사
警察 jǐngchá 경찰

▲ 老师

工程师 gōngchéngshī 엔지니어
演员 yǎnyuán 배우
模特 mótè 모델
运动员 yùndòngyuán 운동선수
经纪人 jīngjìrén 연예인 매니저

▲ 运动员

我在销售部工作。
Wǒ zài xiāoshòubù gōngzuò.

저는 영업부에서 근무합니다.

직장 생활	
상황1	부서 묻기
상황2	직책 묻기
상황3	임금·보너스 묻기

— 주술술어문 | 정반의문문(正反疑问句)

내가 특별한 재능이 있어

회사에 대단한 이익을 창출해 주는 것은 아니지만,

그래도 일해 보고 싶었던 부서에서 일해서인지

뭔가 큰일을 하고 있는 것 같은 자신감이 꽉꽉 생긴다.

난 정말 '자신감'만큼은 남부럽지 않게 갖고 태어난 것 같다.

핵심구문 ❶

你在哪个部门工作?
당신은 어느 부서에서 근무하나요?

핵심구문 ❷

我现在负责海外业务。
저는 해외 영업을 담당하고 있습니다.

핵심구문 ❸

贵公司工资高不高?
귀사는 임금이 높은가요?

맛있는 단어

- 部门 bùmén 명 부서, 팀
- 负责 fùzé 동 책임지다, 담당하다
- 现在 xiànzài 명 지금, 현재
  过去 guòqù 과거 | 未来 wèilái 미래
- 海外 hǎiwài 명 해외
- 业务 yèwù 명 업무
- 工资 gōngzī 명 급여, 임금
  薪水 xīnshui 월급 | 年薪 niánxīn 연봉
- 高 gāo 형 높다, (키가) 크다
  低 dī 낮다 | 矮 ǎi (키가) 작다
- 那 nà 접 그러면, 그렇다면
- 奖金 jiǎngjīn 명 보너스
  补贴 bǔtiē 수당
- 一 yī 수 1, 하나
- 年 nián 명 해, 년
- 发 fā 동 지급하다
- 四 sì 수 4, 넷
- 次 cì 양 번, 회

맛있는 회화

상황 1 부서 묻기 　Track 65

李冰冰　**你在哪个部门工作?**
　　　　Nǐ zài nǎge bùmén gōngzuò?

金成功　**我在销售部工作。**
　　　　Wǒ zài xiāoshòubù gōngzuò.

상황 2 직책 묻기 　Track 66

李冰冰　**你在这个公司负责什么工作?**
　　　　Nǐ zài zhège gōngsī fùzé shénme gōngzuò?

金成功　**我现在负责海外业务。**
　　　　Wǒ xiànzài fùzé hǎiwài yèwù.

➕ 수사 一의 성조 변화

① 一가 1성, 2성, 3성 앞에 위치할 때는 '4성'으로 읽습니다.
　　一张 yì zhāng 한 장 | 一年 yì nián 1년 | 一起 yìqǐ 같이

② 一가 4성과 4성에서 변한 경성 앞에 위치할 때는 '2성'으로 읽습니다.
　　一辈子 yíbèizi 한평생 | 一定 yídìng 반드시 | 一个 yí ge 한 개

| Dialogue

상황 3 임금·보너스 묻기 Track 67

金成功 贵公司工资高不高?❶❷
Guì gōngsī gōngzī gāo bu gāo?

客 户 我们公司工资不太高。
Wǒmen gōngsī gōngzī bú tài gāo.

金成功 那有没有奖金?
Nà yǒu méiyǒu jiǎngjīn?

客 户 有，一年发四次奖金。
Yǒu, yì nián fā sì cì jiǎngjīn.

Biz 맛있는 어법

| Grammar

❶ 주술술어문

사람이나 사물의 전체적인 이미지를 표현하는 문장 형태로, '주어+술어' 구조가 전체 주어를 설명하는 형식을 갖습니다.

긍정형 전체 주어 + 전체 술어[작은 주어+작은 술어]

我们公司员工很多。 우리 회사는 직원이 많아요.
Wǒmen gōngsī yuángōng hěn duō.

他妹妹眼睛非常大。 그의 여동생은 눈이 아주 커요.
Tā mèimei yǎnjing fēicháng dà.

* 眼睛 yǎnjing 명 눈
* 非常 fēicháng 부 대단히

부정형 전체 주어 + 전체 술어[작은 주어+不+작은 술어]

我们公司员工不多。 우리 회사는 직원이 많지 않아요.
Wǒmen gōngsī yuángōng bù duō.

他妹妹眼睛不太大。 그의 여동생은 눈이 별로 크지 않아요.
Tā mèimei yǎnjing bú tài dà.

❷ 정반의문문(正反疑问句)

정반의문문은 문장의 술어가 되는 부분을 긍정형과 부정형으로 반복해서 묻는 의문문을 말합니다. 의문조사 吗를 쓰는 의문문처럼 '~한가요?'라고 해석되며, 이 의문문에서는 제3의 대답이 나올 수 있습니다.

주어 + 술어[긍정형+부정형]?

A 他忙不忙? 그 사람은 바빠요?
 Tā máng bu máng?

B 他很忙。 그 사람은 바빠요.
 Tā hěn máng.

 他不忙。 그 사람은 안 바빠요.
 Tā bù máng.

 她很忙。 그녀가 바빠요.
 Tā hěn máng.

맛있는 발음

| Pronunciation

◯ 4음절 이상 읽기를 연습해 보세요.

bǎihuò shāngdiàn	gāosù gōnglù	diànzǐ yóujiàn
백화점	고속도로	이메일
百货商店	高速公路	电子邮件

wǎngshàng gòuwù	gōnggòng qìchē	shùmǎ xiàngjī
인터넷 쇼핑	시내버스	디지털카메라
网上购物	公共汽车	数码相机

tǎo jià huán jià	hángkōng gōngsī	hǎiguān shǒuxù
흥정하다	항공사	세관 수속
讨价还价	航空公司	海关手续

Shǒudū Jīchǎng	ānquán chūkǒu	jīchǎng bāshì
수도 공항(서우두 공항)	비상구	공항 리무진
首都机场	安全出口	机场巴士

tèkuài zhuāndì	Zhōngguó Dàshǐguǎn	zìdòng tíkuǎnjī
EMS	중국 대사관	현금 자동 입출금기
特快专递	中国大使馆	自动提款机

연습 문제

1 녹음을 잘 듣고 다음 내용에 맞는 그림을 고르세요. Track 69

A

B

C

D

❶ 我在销售部工作。　　　　　　　　　　　　(　　　)

❷ 我负责海外业务。　　　　　　　　　　　　(　　　)

❸ 一年发四次奖金。　　　　　　　　　　　　(　　　)

2 녹음을 잘 듣고 한어병음에 맞는 한자를 쓰세요. Track 70

❶　bùmén　　　gōngzī　　　gāo　　　nián

❷　fā jiǎngjīn　　　sì cì　　　fùzé

3 서로 어울리는 대화끼리 연결하세요.

❶ 你在哪个部门工作？　　·　　　·　A 我不在这个公司工作。

❷ 贵公司工资高不高？　　·　　　·　B 发一次。

❸ 你在这个公司工作吗？　　·　　　·　C 我在人事部工作。

❹ 你们公司一年发几次奖金？　·　　·　D 我们公司工资很高。

4 다음을 중국어로 써 보세요.

❶ 저는 영업부에서 근무합니다.

　➡ _____

❷ 이 회사에서 어떤 업무를 맡고 계신가요?

　➡ _____

❸ 우리 회사는 임금이 그리 높지 않습니다.

　➡ _____

❹ 귀사는 보너스를 지급하나요?

　➡ _____

플러스 단어

• 회사 생활

上班 shàngbān 출근하다
下班 xiàbān 퇴근하다
加班 jiābān 잔업하다
值班 zhíbān 당직을 맡다
两班倒 liǎng bān dǎo 2교대하다

▲ 上班

被炒鱿鱼 bèi chǎo yóuyú 해고당하다
跳槽 tiàocáo 이직하다
辞职 cízhí 사표를 내다
下岗 xiàgǎng 정리 해고되다
罢工 bàgōng 파업하다

▲ 被炒鱿鱼

发工资 fā gōngzī 임금을 지급하다
发奖金 fā jiǎngjīn 보너스를 지급하다
发津贴 fā jīntiē 보조금(수당)을 지급하다
发红包 fā hóngbāo 특별 상여금을 지급하다

▲ 发工资

▲ 开会

出差 chūchāi 출장 가다
开会 kāihuì 회의하다
请假 qǐngjià 휴가 신청하다
劳资关系 láozī guānxi 노사 관계
劳务合同 láowù hétong 근로 계약

我九点上班。
Wǒ jiǔ diǎn shàngbān.
저는 9시에 출근합니다.

상황 1 출근제 묻기
상황 2 출퇴근 시간 묻기
상황 3 점심 시간 묻기

— 시간 읽는 법 | 하루의 시간대

어떤 친구들은 주 5일도 길다고 주 4일만 근무했으면 좋겠다고 하는데, 나는 주 5일이 짧기만 하다. 동료들도 좋고 일도 재미있다. 내일은 주말~ 중국어 학원에 가는 날이다. 얼른 중국어 실력을 키워서 중국 바이어와 단독 협상을 해야지~!

핵심구문 ❶
我一周上五天班。
저는 일주일에 5일 출근합니다.

핵심구문 ❷
我九点上班。
저는 9시에 출근합니다.

핵심구문 ❸
我十二点吃午饭。
저는 12시에 점심을 먹습니다.

맛있는 단어

Track 72

- 周 zhōu 명 주, 주일
- 上班 shàngbān 동 이합 출근하다
  下班 xiàbān 퇴근하다
- 天 tiān 명 날, 하루, 하늘
- 五 wǔ 수 5, 다섯
- 点 diǎn 명 시 양 약간, 조금
- 九 jiǔ 수 9, 아홉
- 常常 chángcháng 부 자주
- 加班 jiābān 동 이합 잔업하다
  值班 zhíbān 당직을 맡다
- 嗯 ńg 감탄 예, 응
- 中午 zhōngwǔ 명 점심
  上午 shàngwǔ 오전 | 下午 xiàwǔ 오후
- 吃 chī 동 먹다
  看 kàn 보다 | 听 tīng 듣다 | 喝 hē 마시다 | 说 shuō 말하다
- 午饭 wǔfàn 명 점심(밥)
- 十二 shí'èr 수 12, 열둘
- 员工食堂 yuángōng shítáng 명 직원 식당
- 吃饭 chīfàn 동 이합 밥을 먹다
  吃早饭 chī zǎofàn 아침을 먹다 | 吃午饭 chī wǔfàn 점심을 먹다 | 吃晚饭 chī wǎnfàn 저녁을 먹다

맛있는 회화

상황 1 출근제 묻기 Track 73

客户 **你一周上几天班?**
　　　Nǐ yì zhōu shàng jǐ tiān bān?

金成功 **我一周上五天班。**
　　　Wǒ yì zhōu shàng wǔ tiān bān.

상황 2 출퇴근 시간 묻기 Track 74

客户 **你几点上班?**
　　　Nǐ jǐ diǎn shàngbān?

金成功 **我九点❶上班。**
　　　Wǒ jiǔ diǎn shàngbān.

客户 **常常加班吗?**
　　　Chángcháng jiābān ma?

金成功 **嗯，常常加班。**
　　　Ǹg, chángcháng jiābān.

Tip

＋ 이합사(离合词)

2음절 동사 중 '동사+목적어' 구조로 이루어진 동사를 이합사(离合词 líhécí)라 합니다. 이합사는 '동사와 목적어'를 분리할 수 있습니다.

起床 qǐchuáng 일어나다 | 吃饭 chīfàn 밥을 먹다 | 帮忙 bāngmáng 돕다 | 上课 shàngkè 수업하다 | 下课 xiàkè 수업을 마치다 | 上班 shàngbān 출근하다 | 下班 xiàbān 퇴근하다 | 见面 jiànmiàn 만나다 | 游泳 yóuyǒng 수영하다 | 睡觉 shuìjiào 잠자다 | 结婚 jiéhūn 결혼하다 | 离婚 líhūn 이혼하다 | 考试 kǎoshì 시험 보다 | 跑步 pǎobù 달리기하다 | 聊天儿 liáotiānr 한담하다

| Dialogue

상황 3 점심 시간 묻기 Track 75

客 户 你中午❷几点吃午饭?
Nǐ zhōngwǔ jǐ diǎn chī wǔfàn?

金成功 我十二点吃午饭。
Wǒ shí'èr diǎn chī wǔfàn.

客 户 在哪儿吃?
Zài nǎr chī?

金成功 我在员工食堂吃饭。
Wǒ zài yuángōng shítáng chīfàn.

맛있는 어법 | Grammar

❶ 시간 읽는 법

点 diǎn
시

分 fēn
분

秒 miǎo
초

一点零五分
yī diǎn líng wǔ fēn

两点十五分
liǎng diǎn shíwǔ fēn

两点一刻
liǎng diǎn yí kè

三点三十分
sān diǎn sānshí fēn

三点半
sān diǎn bàn

四点四十五分
sì diǎn sìshíwǔ fēn

四点三刻
sì diǎn sān kè

五点五十五分
wǔ diǎn wǔshíwǔ fēn

差五分六点
chà wǔ fēn liù diǎn

* 零 líng ㉰ 0, 영
* 刻 kè ㉱ 15분
* 半 bàn ㉰ 반, 2분의 1
* 差 chà ㉲ 부족하다, 모자라다

❷ 하루의 시간대

새벽	아침	오전	점심	오후	저녁, 밤	한밤중
凌晨 língchén	早上 zǎoshang 早晨 zǎochén	上午 shàngwǔ	中午 zhōngwǔ	下午 xiàwǔ	晚上 wǎnshang	半夜三更 bànyè sāngēng

맛있는 발음

| Pronunciation

◐ 숫자 읽기를 연습해 보세요.　　　　　　　　　　　　　Track 76

1	2	3	4	5	6	7	8	9	10
一 yī	二 èr	三 sān	四 sì	五 wǔ	六 liù	七 qī	八 bā	九 jiǔ	十 shí

11	12	13	14	15	16	17	18	19	20
十一 shíyī	十二 shí'èr	十三 shísān	十四 shísì	十五 shíwǔ	十六 shíliù	十七 shíqī	十八 shíbā	十九 shíjiǔ	二十 èrshí

30	40	50	60	70	80	90	100
三十 sānshí	四十 sìshí	五十 wǔshí	六十 liùshí	七十 qīshí	八十 bāshí	九十 jiǔshí	一百 yìbǎi

101	110	111	200	300	600
一百零一 yìbǎi líng yī	一百一十 yìbǎi yī shí	一百一十一 yìbǎi yī shíyī	二百(两百) èrbǎi (liǎngbǎi)	三百 sānbǎi	六百 liùbǎi

800	900	999	1,000	2,000	20,000
八百 bābǎi	九百 jiǔbǎi	九百九十九 jiǔbǎi jiǔshíjiǔ	一千 yìqiān	两千 liǎngqiān	两万 liǎngwàn

연습 문제

1 녹음을 잘 듣고 다음 내용에 맞는 그림을 고르세요. Track 77

A  B

C  D

❶ 我一周上五天班。　　　　　　　　　　（　　　）

❷ 我九点上班。　　　　　　　　　　　　（　　　）

❸ 我十二点吃午饭。　　　　　　　　　　（　　　）

2 녹음을 잘 듣고 한어병음에 맞는 한자를 쓰세요. Track 78

❶ zhōu　　chángcháng　　jiābān　　zhōngwǔ

❷ jǐ diǎn　　shàngbān　　zài shítáng chīfàn

3 서로 어울리는 대화끼리 연결하세요.

❶ 你一周上几天班?   •   • A 我十二点吃午饭。

❷ 你几点上班?   •   • B 我在公司吃午饭。

❸ 你几点吃午饭?   •   • C 我九点半上班。

❹ 你在哪儿吃午饭?   •   • D 我一周上六天班。

4 다음을 중국어로 써 보세요.

❶ 나는 종종 잔업을 해요.

➡ _____

❷ 나는 1시에 점심을 먹어요.

➡ _____

❸ 당신은 어디에서 저녁을 드세요?

➡ _____

❹ 당신은 며칠 출근하세요?

➡ _____

문화 속으로

● 격이 없는 중국인의 호칭

만약에 한국에서 어떤 이가 자신의 아버지를 부를 때, 대뜸 아버지 '이름'을 부른다면 어떻게 될까? 아마도 바로 인터넷 검색어 1위로 등극할지도 모른다. '아버지 이름을 부르는 XX자식!' 정도의 타이틀로 말이다. 그런데 우리한테는 큰일이 될 엄청난 사건이 중국에서는 아무런 문제가 되지 않는다. 이쯤 얘기하면 혹시 정말일까? 하고 의심의 눈길을 보내는 분들이 있겠지만 사실이 그렇다. 물론 이렇게 서슴없이 아버지 이름을 부를 정도라면 부자나 부녀 사이가 엄청 좋은 경우이다. 상황이 이렇다 보니 부부 사이에 이름을 부르는 일은 전혀 흉이 안 된다. 남편이 아내보다 10살이 많아도 아내는 아무렇지 않게 남편의 이름을 부른다. 아내가 남편 이름을 함부로 부른다고 '가정 교육' 운운하면 안 된다. 며느리나 사위는 시부모나 장인·장모를 자신의 부모를 부를 때와 마찬가지로 '妈妈(māma 엄마), 爸爸(bàba 아빠)'라고 부르고, 시어머니는 며느리 이름을, 장모 역시 다정하게 사위 이름을 부른다.

▲ 시어머니를 '엄마'라고 부르는 중국

중국인들의 '이름 부르기'는 회사에서도 계속된다. 회사 내에서 아랫사람은 보통 상사의 직함을 넣어 부르지만, 윗사람이 부하 직원을 부를 때는 성씨 앞에 小(xiǎo)나 老(lǎo)를 붙이거나 이름을 부르기도 한다. 때에 따라서는 아랫사람이라도 친한 상사를 부를 때는 호칭 없이 이름만 부르는 경우도 있다.

일상생활에서도 중국인들은 이름을 부르는 데 익숙하다. 학교 선후배 사이에서도 우리처럼 '누구누구 선배님'이 아닌 서로의 이름을 부르곤 한다. 잘 아는 언니, 오빠뻘이 되는 사람한테는 성씨 뒤에 姐(jiě 언니, 누나)나 哥(gē 오빠, 형)를 붙여 부르고, 잘 아

▲ 회사 내에서도 '이름'을 부르는 중국

는 아랫사람일 경우에는 성씨 앞에 小를 붙인다.

깍듯한 호칭에 너무 신경 쓰지 않아서일까? 중국의 집안 분위기도 그렇고 회사 분위기도 그렇고 왠지 우리보다는 덜 경직되어 있다는 느낌을 받는다. 그러나 이들이 서로 이름을 부르고 호칭을 안 붙인다고 해서 위계질서가 문란한 것은 아니다. 나름의 위계질서 속에서 호칭이나 직함 대신 이름이 오고 가는 것일 뿐이니 오해는 하지 말도록.

今天六月四号。
Jīntiān liù yuè sì hào.

오늘은 6월 4일입니다.

- 상황 1 연도 묻기
- 상황 2 월·일·요일 묻기
- 상황 3 약속하기
  - 월·일·요일 표현법

회사가 아주 큰 것도 아니고

그렇다고 직원이 몇백 명 되는 것도 아닌데,

몇 명 안 되는 입사 동기들끼리도 왜 이리 한번 모이기가 힘든지.

얼마 전부터 동기들끼리 저녁을 먹자고 하고서는

시간을 못 맞춰 미루다가 내일 드디어 다 같이 만나기로 했다.

Track 79

핵심구문 ❶

今年是2013年。
올해는 2013년입니다.

핵심구문 ❷

今天六月四号。
오늘은 6월 4일입니다.

핵심구문 ❸

今天晚上你有没有时间?
오늘 밤에 시간 있어요?

맛있는 단어

Track 80

- 今年 jīnnián 명 올해, 금년
  去年 qùnián 작년 | 明年 míngnián 내년
- 今天 jīntiān 명 오늘
- 月 yuè 명 월, 달
- 号 hào 명 일
  日 rì 일
- 六 liù 수 6, 여섯
- 星期 xīngqī 명 주
  周 zhōu 주 | 礼拜 lǐbài 주
- 二 èr 수 2, 둘
- 晚上 wǎnshang 명 밤
- 时间 shíjiān 명 시간
- 明天 míngtiān 명 내일
  前天 qiántiān 그저께 | 昨天 zuótiān 어제 | 后天 hòutiān 모레
- 见面 jiànmiàn 동 이합 만나다
- 怎么样 zěnmeyàng 어떠한가
- 七 qī 수 7, 일곱
- 同事 tóngshì 명 동료

9과 今天六月四号。 • 107

맛있는 회화

상황 1 연도 묻기 　Track 81

高笑美　今年是哪一年?
　　　　Jīnnián shì nǎ yī nián?

金成功　今年是2013年。
　　　　Jīnnián shì èr líng yī sān nián.

상황 2 월·일·요일 묻기 　Track 82

高笑美　今天几月几号?
　　　　Jīntiān jǐ yuè jǐ hào?

金成功　今天六月四号。❶
　　　　Jīntiān liù yuè sì hào.

高笑美　星期几?
　　　　Xīngqī jǐ?

金成功　星期二。
　　　　Xīngqī'èr.

Tip

+ **연도 표현**

연도를 말할 때는 숫자를 하나씩 읽습니다.

2014年 èr líng yī sì nián 2014년

+ **의문사 怎么样**

怎么样은 상대방의 생각이나 사람 또는 사물의 상태를 물어볼 때 씁니다.

金代理怎么样? 김 대리는 어때요?　　今天天气怎么样? 오늘 날씨는 어때요?
Jīn dàilǐ zěnmeyàng?　　　　　　　　Jīntiān tiānqì zěnmeyàng?

＊天气 tiānqì 몡 날씨

| Dialogue

상황 3 약속하기 Track 83

金成功　今天晚上你有没有时间?
　　　　Jīntiān wǎnshang nǐ yǒu méiyǒu shíjiān?

同　事　今天晚上我没有时间,
　　　　Jīntiān wǎnshang wǒ méiyǒu shíjiān,

　　　　明天晚上有时间。
　　　　míngtiān wǎnshang yǒu shíjiān.

金成功　那明天我们见面, 怎么样?
　　　　Nà míngtiān wǒmen jiànmiàn, zěnmeyàng?

同　事　好, 几点?
　　　　Hǎo, jǐ diǎn?

金成功　晚上七点。
　　　　Wǎnshang qī diǎn.

맛있는 어법 | Grammar

❶ 월·일·요일 표현법

① '월'을 나타낼 때는 月(yuè)를 씁니다.

1월	2월	3월	4월	5월	6월
一月 yī yuè	二月 èr yuè	三月 sān yuè	四月 sì yuè	五月 wǔ yuè	六月 liù yuè
7월	8월	9월	10월	11월	12월
七月 qī yuè	八月 bā yuè	九月 jiǔ yuè	十月 shí yuè	十一月 shíyī yuè	十二月 shí'èr yuè

② '일'은 회화체에서는 号(hào)를, 문어체에서는 日(rì)를 씁니다.

1일	2일	3일	5일	11일	12일
一号 yī hào	二号 èr hào	三号 sān hào	五号 wǔ hào	十一号 shíyī hào	十二号 shí'èr hào
15일	17일	22일	25일	28일	31일
十五号 shíwǔ hào	十七号 shíqī hào	二十二号 èrshí'èr hào	二十五号 èrshíwǔ hào	二十八号 èrshíbā hào	三十一号 sānshíyī hào

③ 일요일은 회화체에서는 星期天, 문어체에는 星期日를 씁니다.

월요일	화요일	수요일	목요일	금요일	토요일	일요일
星期一 xīngqīyī	星期二 xīngqī'èr	星期三 xīngqīsān	星期四 xīngqīsì	星期五 xīngqīwǔ	星期六 xīngqīliù	星期天(日) xīngqītiān(rì)

④ 때를 나타내는 어휘

재작년	작년	올해	내년	내후년
前年 qiánnián	去年 qùnián	今年 jīnnián	明年 míngnián	后年 hòunián
그저께	어제	오늘	내일	모레
前天 qiántiān	昨天 zuótiān	今天 jīntiān	明天 míngtiān	后天 hòutiān

| Pronunciation

● 결합운모의 병음 표기법을 익혀 보세요.

Step 1 ▶ i 결합운모

i 결합운모	ia	ie	iao	iou	ian	in	iang	ing	iong
성모와 결합할 때	jia	xie	tiao	diu	lian	bin	qiang	ning	qiong
단독으로 쓰일 때	ya	ye	yao	you	yan	yin	yang	ying	yong

* 운모 단독으로 표기 시, i가 y로 바뀌는 것에 주의하세요. in과 ing은 단독으로 표기해도 i가 생략되지 않습니다.
* 성모와 결합 시, iou의 형태 변화에 주의하세요.

Step 2 ▶ u 결합운모

u 결합운모	ua	uo	uai	uei	uan	uen	uang	ueng
성모와 결합할 때	gua	duo	kuai	hui	chuan	tun	huang	-
단독으로 쓰일 때	wa	wo	wai	wei	wan	wen	wang	weng

* 운모 단독으로 표기 시, u는 w로 바꾸어 씁니다.
* 성모와 결합 시, uei와 uen의 형태 변화에 주의하세요. ueng은 결합하는 성모가 없습니다.

Step 3 ▶ ü 결합운모

ü 결합운모	üe	üan	ün
성모와 결합할 때	nüe	quan	xun
단독으로 쓰일 때	yue	yuan	yun

* 운모 단독으로 표기 시, 'y+(ue, uan, un)'으로 표기합니다.
* ü 결합운모와 결합할 수 있는 성모는 n, l, j, q, x 5개뿐이며, 이 중 j, q, x와 결합할 때는 ü를 u로 표기하는 것에 주의하세요.

연습 문제

1 녹음을 잘 듣고 다음 내용에 맞는 그림을 고르세요. Track 85

A　　　　　　　　　　　　　　B

C　　　　　　　　　　　　　　D

❶ 今年是2013年。　　　　　　　　　　　（　　　）

❷ 今天六月四号。　　　　　　　　　　　（　　　）

❸ 我们晚上七点见面。　　　　　　　　　（　　　）

2 녹음을 잘 듣고 한어병음에 맞는 한자를 쓰세요. Track 86

❶ 　xīngqī　　　míngtiān　　　wǎnshang　　　shíjiān

❷ 　jiànmiàn　　　sān diǎn　　　zěnmeyàng

| Exercise

3 서로 어울리는 대화끼리 연결하세요.

❶ 今天几月几号?　　　•　　　　•　A 星期五。

❷ 今年是哪一年?　　　•　　　　•　B 没有，我后天有时间。

❸ 星期几?　　　　　　•　　　　•　C 2013年。

❹ 今天晚上你有时间吗? •　　　　•　D 三月八号。

4 다음을 중국어로 써 보세요.

❶ 내년은 2014년이에요.

➡ _____

❷ 모레는 10월 1일입니다.

➡ _____

❸ 오늘은 일요일입니다.

➡ _____

❹ 내일 나는 시간이 있어요.

➡ _____

플러스 표현

● 약속하기

□ **你哪天有时间?** 당신은 언제 시간이 되나요?
　Nǐ nǎ tiān yǒu shíjiān?

□ **我们九点半在老地方见!** 우리 9시 반에 거기에서 보자고!
　Wǒmen jiǔ diǎn bàn zài lǎodìfang jiàn!

□ **星期天下午,可以吗?** 일요일 오후에 괜찮겠어요?
　Xīngqītiān xiàwǔ, kěyǐ ma?

□ **我们跟小高一起见面,怎么样?**
　Wǒmen gēn Xiǎo Gāo yìqǐ jiànmiàn, zěnmeyàng?
　우리 미스 고랑 같이 만나면 어떨까요?

□ **你问他有没有时间。**
　Nǐ wèn tā yǒu méiyǒu shíjiān.
　그 친구가 시간이 되는지 그쪽이 물어봐요.

▲ 我们跟小高一起见面,怎么样?

▲ 行,我们一言为定!

□ **那天我有事,我不能过去。**
　Nàtiān wǒ yǒu shì, wǒ bù néng guòqu.
　그날 제가 일이 있어서, 못 갈 것 같아요.

□ **那个餐厅太远了,我们换别的地方吧。**
　Nàge cāntīng tài yuǎn le, wǒmen huàn biéde dìfang ba.
　그 식당은 너무 머니까, 우리 다른 데로 바꿔요.

□ **明天我们不见不散!** 내일 꼭 만나요!
　Míngtiān wǒmen bú jiàn bú sàn!

□ **那就这么定吧!** 그럼 이렇게 정하는 거야!
　Nà jiù zhème dìng ba!

□ **行,我们一言为定!** 오케이, 그렇게 하자고요!
　Xíng, wǒmen yì yán wéi dìng!

我喜欢夏天。
Wǒ xǐhuan xiàtiān.

저는 여름을 좋아해요.

상황 1 날씨 묻기
상황 2 공휴일 묻기
상황 3 계절 묻기

- 부정양사(不定量词) | 동사 喜欢의 용법 | 선택의문문 | 의문대명사 为什么

우리한테는 추석이 아주 대단한 명절이라
중국에서도 민족 대이동이 일어날 줄 알았는데
중국은 그렇지 않다고 한다.
그래서 뭐든 너무 자신의 기준으로만 생각하면 안 되는 것 같다.
'상대를 인정하라~' 오늘의 명언이다.

Track 87

핵심구문 ❶
今天天气很好。
오늘은 날씨가 좋아요.

핵심구문 ❷
中国有哪些公休日?
중국에는 어떤 공휴일이 있나요?

핵심구문 ❸
我喜欢夏天。
저는 여름을 좋아해요.

맛있는 단어

- ☐☐ 天气 tiānqì 명 날씨
  - 天气预报 tiānqì yùbào 일기 예보
- ☐☐ 中国 Zhōngguó 고유 중국
- ☐☐ 些 xiē 양 약간, 조금
  - 点(儿) diǎn(r) 약간, 조금
- ☐☐ 公休日 gōngxiūrì 명 공휴일
- ☐☐ 元旦 Yuándàn 명 원단(1월 1일)
- ☐☐ 春节 Chūnjié 명 설
- ☐☐ 清明节 Qīngmíngjié 명 청명절
- ☐☐ 劳动节 Láodòngjié 명 5·1 국제노동절
- ☐☐ 端午节 Duānwǔjié 명 단오절
- ☐☐ 中秋节 Zhōngqiūjié 명 추석
- ☐☐ 国庆节 Guóqìngjié 명 국경절, 건국기념일(1949년 10월 1일)
- ☐☐ 喜欢 xǐhuan 동 좋아하다
- ☐☐ 秋天 qiūtiān 명 가을
- ☐☐ 还是 háishi 접 또는, 아니면 부 여전히, 그래도
- ☐☐ 冬天 dōngtiān 명 겨울
- ☐☐ 为什么 wèishénme 대 왜
- ☐☐ 红叶 hóngyè 명 단풍
- ☐☐ 好看 hǎokàn 형 보기 좋다
- ☐☐ 季节 jìjié 명 계절
- ☐☐ 夏天 xiàtiān 명 여름
  - 春天 chūntiān 봄

맛있는 회화

상황 1 날씨 묻기 (Track 89)

高笑美 金代理，今天天气怎么样？
　　　　Jīn dàilǐ, jīntiān tiānqì zěnmeyàng?

金成功 今天天气很好。
　　　　Jīntiān tiānqì hěn hǎo.

상황 2 공휴일 묻기 (Track 90)

金成功 中国有哪些❶公休日？
　　　　Zhōngguó yǒu nǎxiē gōngxiūrì?

高笑美 元旦、春节、清明节、劳动节、端午节、
　　　　Yuándàn、Chūnjié、Qīngmíngjié、Láodòngjié、Duānwǔjié、

　　　　中秋节、国庆节。
　　　　Zhōngqiūjié、Guóqìngjié.

 **Tip**

+ 중국의 주요 명절과 기념일
  - 元旦 Yuándàn 원단(1월 1일)
  - 情人节 Qíngrénjié 밸런타인데이(2월 14일)
  - 劳动节 Láodòngjié 노동절(5월 1일)
  - 儿童节 Értóngjié 어린이날(6월 1일)
  - 父亲节 Fùqīnjié 아버지날(6월 셋째 주 일요일)
  - 教师节 Jiàoshījié 스승의 날(9월 10일)
  - 圣诞节 Shèngdànjié 성탄절(12월 25일)
  - 春节 Chūnjié 설날(음력 1월 1일)
  - 清明节 Qīngmíngjié 청명절(4월 5일 무렵)
  - 母亲节 Mǔqīnjié 어머니날(5월 둘째 주 일요일)
  - 端午节 Duānwǔjié 단오(음력 5월 5일)
  - 中秋节 Zhōngqiūjié 추석(음력 8월 15일)
  - 国庆节 Guóqìngjié 국경절(10월 1일)
  - 除夕 Chúxī 섣달그믐(음력 12월 31일)

| Dialogue

상황 3 계절 묻기 Track 91

金成功 你喜欢❷秋天还是❸冬天?
Nǐ xǐhuan qiūtiān háishi dōngtiān?

高笑美 我喜欢秋天。
Wǒ xǐhuan qiūtiān.

金成功 为什么?❹
Wèishénme?

高笑美 秋天红叶好看。你喜欢什么季节?
Qiūtiān hóngyè hǎokàn. Nǐ xǐhuan shénme jìjié?

金成功 我喜欢夏天。
Wǒ xǐhuan xiàtiān.

Biz 맛있는 어법

| Grammar

❶ 부정양사(不定量词)

양이 정해지지 않아 '약간'이라고 표현하는 양사를 부정양사(不定量词)라고 합니다. 부정양사에는 点儿과 些가 있는데, 이 두 양사는 보통 수사 一, 지시대명사 这, 那와 같이 쓰입니다. 点儿은 'much'에, 些는 'many'에 가깝습니다.

* 点儿과 些가 수사 一와 함께 쓰일 때, 一는 종종 생략됩니다.

一些商品 약간의 상품
yì xiē shāngpǐn

喝点儿茶 차를 좀 마시다
hē diǎnr chá

这些人 이 사람들
zhèxiē rén

* 商品 shāngpǐn 명 상품
* 喝 hē 동 마시다
* 茶 chá 명 차

❷ 동사 喜欢의 용법

喜欢은 '~을 좋아하다'라는 뜻으로, 명사 또는 동사, '동사+목적어' 형식을 목적어로 동반할 수 있습니다.

我喜欢中国。 나는 중국이 좋아요.
Wǒ xǐhuan Zhōngguó.

金代理喜欢工作。 김 대리는 일하는 걸 좋아해요.
Jīn dàilǐ xǐhuan gōngzuò.

小高喜欢打网球。 미스 고는 테니스 치는 걸 좋아해요.
Xiǎo Gāo xǐhuan dǎ wǎngqiú.

* 打网球 dǎ wǎngqiú 테니스를 치다

❸ 선택의문문

접속사 还是를 써서 두 가지 선택 사항 중에서 하나를 고르는 의문문을 만들 수 있습니다. 이때 반드시 제시된 두 조건 중 하나를 대답으로 선택해야 합니다.

A 你喜欢夏天还是冬天? 여름이 좋아요, 아니면 겨울이 좋아요?
 Nǐ xǐhuan xiàtiān háishi dōngtiān?

B 我喜欢夏天。 전 여름이 좋아요.
 Wǒ xǐhuan xiàtiān.

❹ 의문대명사 为什么

이유를 물을 때는 의문대명사 为什么를 씁니다.

你为什么喜欢这个公司? 당신은 왜 이 회사를 좋아해요?
Nǐ wèishénme xǐhuan zhège gōngsī?

她为什么去中国? 그녀는 왜 중국에 가나요?
Tā wèishénme qù Zhōngguó?

맛있는 발음

| Pronunciation

◆ zh, ch, sh, r 발음을 연습해 보세요.   Track 92

Step 1 기본 연습

zh
zha
zhou
zheng

ch
cha
chou
cheng

sh
sha
shou
sheng

r
ra
rou
reng

Step 2 확장 연습

zh
zhaozhan
zhizhu

ch
chaochan
chuchu

sh
shanshui
shoushu

r
ruanruo
renrang

Step 3 응용 연습

zh
zhuānchē
zhǎnchū
zhàocháng

ch
chūzhòng
chuánzhǎng
chuízhí

sh
shāngrén
shuǎngrán
shēngrì

r
ránshāo
rénshēng
róngshēn

연습 문제

1 녹음을 잘 듣고 다음 내용에 맞는 그림을 고르세요. Track 93

A
B
C
D

❶ 今天天气很好。　　　　　　　　　　　（　　　）

❷ 秋天红叶好看。　　　　　　　　　　　（　　　）

❸ 我喜欢夏天。　　　　　　　　　　　　（　　　）

2 녹음을 잘 듣고 한어병음에 맞는 한자를 쓰세요. Track 94

❶ | tiānqì | Chūnjié | Láodòngjié | Guóqìngjié |

❷ | gōngxiūrì | dōngtiān | jìjié | xǐhuan |

3 서로 어울리는 대화끼리 연결하세요.

❶ 今天天气怎么样？ •　　　　　• A 冬天。

❷ 你喜欢什么季节？ •　　　　　• B 不喜欢秋天。

❸ 中国也有春节吗？ •　　　　　• C 今天天气很好。

❹ 你喜欢秋天吗？ •　　　　　• D 中国也有春节。

4 다음을 중국어로 써 보세요.

❶ 중국에는 어떤 공휴일이 있나요?

➡ _____

❷ 당신은 여름을 좋아해요, 아니면 겨울을 좋아해요?

➡ _____

❸ 내일은 추석이에요.

➡ _____

❹ 당신은 왜 가을을 좋아해요?

➡ _____

플러스 단어

● 날씨

晴 qíng 맑음
阴 yīn 흐림
云 yún 구름 낌
雾 wù 안개 낌
台风 táifēng 태풍
风力 fēnglì 풍속

▲ 云

春天暖和 chūntiān nuǎnhuo 봄은 따뜻하다
夏天热 xiàtiān rè 여름은 덥다
秋天凉快 qiūtiān liángkuai 가을은 선선하다
冬天冷 dōngtiān lěng 겨울은 춥다

▲ 冬天冷

刮风 guāfēng 바람이 불다
下雨 xiàyǔ 비가 오다
下雪 xiàxuě 눈이 오다
打闪 dǎshǎn 번개가 치다
打雷 dǎléi 천둥이 치다

▲ 打闪

天气预报 tiānqì yùbào 일기 예보
晴转多云 qíng zhuǎn duō yún 맑은 후 구름 많이 낌
雨过晴天 yǔ guò qíngtiān 비 온 후에 갬
出彩虹 chū cǎihóng 무지개가 뜨다

气温在19℃至31℃之间。 Qìwēn zài shíjiǔ shèshìdù zhì sānshíyī shèshìdù zhījiān.
기온은 19도에서 31도 사이가 되겠습니다.

▲ 出彩虹

你的爱好是什么?
Nǐ de àihào shì shénme?

당신 취미는 뭐예요?

상황 1 좋아하는 운동 묻기
상황 2 교육에 대해 묻기
상황 3 취미 묻기

— 조동사 会 | 부사 都 | 연동문(连动句)(1)

티타임 시간, 동료들과 취미에 대해 이야기한다.

나 김성공 댄스 스포츠에도 일가견이 있다는 말이지.

나의 취미에 다들 조금 놀라는 눈치다.

언제 기회가 되면 나의 실력을 여지없이 발휘하리라~

그런데 파트너는 누구로 하지?

Track 95

핵심구문 ❶
你喜欢做什么运动?
당신은 어떤 운동을 좋아해요?

핵심구문 ❷
我最近学画画。
저는 요즘 그림을 배워요.

핵심구문 ❸
你的爱好是什么?
당신 취미는 뭐예요?

맛있는 단어

Track 96

运动	yùndòng	몡 운동 동 운동하다
游泳	yóuyǒng	동 이합 수영하다
会	huì	조동 ~할 수 있다
怕	pà	동 두려워하다, 겁내다, 염려하다
水	shuǐ	몡 물
最近	zuìjìn	몡 최근
学	xué	동 배우다
画	huà	몡 그림 동 그리다
有意思	yǒuyìsi	형 재미있다
爱好	àihào	몡 취미
看	kàn	동 보다
电影	diànyǐng	몡 영화
跳舞	tiàowǔ	동 이합 춤을 추다
还	hái	부 또, 아직
旅游	lǚyóu	동 여행하다

旅行 lǚxíng 여행하다

难	nán	형 어렵다

容易 róngyì 쉽다

最	zuì	부 가장
爬山	páshān	동 이합 등산하다
每	měi	대 매, 각, 마다, 모든
都	dōu	부 모두, 다
去	qù	동 가다

来 lái 오다

맛있는 회화

상황 1 좋아하는 운동 묻기 Track 97

高笑美: 金代理，你喜欢做什么运动?
Jīn dàilǐ, nǐ xǐhuan zuò shénme yùndòng?

金成功: 我喜欢游泳，你会❶游泳吗?
Wǒ xǐhuan yóuyǒng, nǐ huì yóuyǒng ma?

高笑美: 我不会游泳，我怕水。
Wǒ bú huì yóuyǒng, wǒ pà shuǐ.

상황 2 교육에 대해 묻기 Track 98

金成功: 你最近学什么?
Nǐ zuìjìn xué shénme?

高笑美: 我最近学画画，画画很有意思。
Wǒ zuìjìn xué huàhuà, huàhuà hěn yǒuyìsi.

 **Tip**

+ **동사 怕**

우리말로 '추위를 타다, 더위를 타다'라고 할 때는 동사 怕를 써서 표현합니다. 그러나 아쉽게도 중국어에는 '가을을 타다'나 '봄을 타다'라는 말은 없습니다.

怕冷 pà lěng 추위를 타다 | 怕热 pà rè 더위를 타다

* 冷 lěng 형 춥다
* 热 rè 형 덥다

+ **대명사 每**

每는 '매, 모든'의 뜻으로 복수의 의미를 나타내며, 뒤에 都를 동반합니다. 每가 명사를 수식할 때는 양사를 씁니다.

我们每天都开会。 우리는 매일 회의를 해요.
Wǒmen měitiān dōu kāihuì.

每个同事都说汉语。 동료들이 다 중국어를 해요.
Měi ge tóngshì dōu shuō Hànyǔ.

* 每天 měitiān 명·부 매일
* 开会 kāihuì 동 회의하다
* 说 shuō 동 말하다

| Dialogue

상황 3 취미 묻기 Track 99

高笑美 金代理，你的爱好是什么？
Jīn dàilǐ, nǐ de àihào shì shénme?

金成功 我的爱好很多，看电影、跳舞，还有旅游。
Wǒ de àihào hěn duō, kàn diànyǐng、tiàowǔ, hái yǒu lǚyóu.

高笑美 你会跳舞？学跳舞不难吗？
Nǐ huì tiàowǔ? Xué tiàowǔ bù nán ma?

金成功 不难。你有什么爱好呢？
Bù nán. Nǐ yǒu shénme àihào ne?

高笑美 我最喜欢爬山，我每个月都❷去爬山。❸
Wǒ zuì xǐhuan páshān, wǒ měi ge yuè dōu qù páshān.

Biz 맛있는 어법

| Grammar

❶ 조동사 会

会는 학습을 통한 기술 습득이나 가능성을 나타냅니다. 부정형은 不会를 씁니다.

他会说英语。 그는 영어를 할 줄 알아요.
Tā huì shuō Yīngyǔ.

她明天会来这儿。 그녀는 내일 여기에 올 거예요.
Tā míngtiān huì lái zhèr.

他不会说英语。 그는 영어를 할 줄 몰라요.
Tā bú huì shuō Yīngyǔ.

她明天不会来这儿。 그녀는 내일 여기에 안 올 거예요.
Tā míngtiān bú huì lái zhèr.

＊英语 Yīngyǔ 명 영어

❷ 부사 都

都는 범위를 나타내며 복수형에만 씁니다. 문장에 每(매, ~마다)가 등장하면 都를 함께 씁니다. ＊也는 단수·복수에 다 쓸 수 있습니다.

我都喜欢看电影。(X) → 我们都喜欢看电影。(O) 우리는 다 영화 보는 것을 좋아합니다.
　　　　　　　　　　　　Wǒmen dōu xǐhuan kàn diànyǐng.

每个人都去中国。 모두가 다 중국에 갑니다.
Měi ge rén dōu qù Zhōngguó.

❸ 연동문(连动句)(1) ➡ 목적형 연동문

한 문장 안에 두 개 이상의 동사가 출현하여 주어가 한 일을 연속적으로 설명하는 문장을 연동문이라 합니다. 목적형 연동문은 두 번째 동사가 첫 번째 동사의 목적이 되는 것을 말합니다.

他去爬山。 그는 등산하러 가요.
Tā qù páshān.

韩部长去欧洲出差。 한 부장님은 유럽으로 출장을 가십니다.
Hán bùzhǎng qù Ōuzhōu chūchāi.

我们去员工食堂吃午饭。 우리는 점심을 먹으러 구내식당에 가요.
Wǒmen qù yuángōng shítáng chī wǔfàn.

＊欧洲 Ōuzhōu 고유 유럽
＊出差 chūchāi 동 출장 가다

맛있는 발음

| Pronunciation

◯ j, q, x 발음을 연습해 보세요.　　　　Track 100

Step 1 기본 연습

j
ji
jue
juan

q
qi
que
quan

x
xi
xue
xuan

Step 2 확장 연습

j
jianjia
jiajin
jingju

q
qiuqian
quanqie
qingqi

x
xiexian
xinxiang
xuexing

Step 3 응용 연습

j
jìngxuǎn
jùquán
jiānqiáng

q
qiūjì
quánxiàn
qiánxī

x
xīngqiú
xuèqì
xūnjué

11과 你的爱好是什么? • 131

연습 문제

1 녹음을 잘 듣고 다음 내용에 맞는 그림을 고르세요. Track 101

A   B

C   D

❶ 我喜欢游泳。　　　　　　　　　　　　(　　)

❷ 我最近学画画。　　　　　　　　　　　　(　　)

❸ 我每个月都去爬山。　　　　　　　　　　(　　)

2 녹음을 잘 듣고 한어병음에 맞는 한자를 쓰세요. Track 102

❶ yùndòng　　páshān　　tiàowǔ　　lǚyóu

❷ hěn yǒuyìsi　　kàn diànyǐng　　wǒ de àihào hěn duō

| Exercise

3 서로 어울리는 대화끼리 연결하세요.

❶ 你最近学什么?　　•　　　　•　A 我喜欢游泳。

❷ 你喜欢做什么运动?　•　　　•　B 我的爱好是看电影。

❸ 你会游泳吗?　　　•　　　　•　C 我不会。

❹ 你的爱好是什么?　•　　　　•　D 我学画画。

4 다음을 중국어로 써 보세요.

❶ 당신은 취미가 뭐예요?

➡ _____

❷ 그림 그리는 것은 재미있어요.

➡ _____

❸ 당신은 운동하는 거 좋아해요?

➡ _____

❹ 나는 등산하는 걸 좋아해요.

➡ _____

플러스 단어

● 취미

看书 kàn shū 독서
看电影 kàn diànyǐng 영화 감상
爬山 páshān 등산
画画 huàhuà 그림 그리기
钓鱼 diàoyú 낚시

▲ 钓鱼

逛街 guàngjiē 쇼핑
下棋 xiàqí 바둑 두기
养花 yǎng huā 꽃 키우기
书法 shūfǎ 서예
唱歌 chànggē 노래하기

▲ 养花

听音乐 tīng yīnyuè 음악 감상
跳舞 tiàowǔ 댄스
滑雪 huáxuě 스키 타기
蹦极 bèngjí 번지 점프
徒步旅行 túbù lǚxíng 도보 여행(하이킹)

▲ 听音乐

▲ 高山滑翔

水橇 shuǐqiāo 수상 스키
高山滑翔 gāoshān huáxiáng 행글라이더
滑雪板运动 huáxuěbǎn yùndòng 스노보드 타기
摄影 shèyǐng 사진 찍기

我想去旅游。
Wǒ xiǎng qù lǚyóu.
저는 여행을 가고 싶어요.

상황 1　퇴근 후의 일정 묻기
상황 2　주말 스케줄 묻기
상황 3　휴가 스케줄 묻기

— 전치사 跟 | 조동사 想의 용법 |
　자동사와 타동사

텁텁한 바람에서 여름을 느끼는 요즘,

동료들 사이에서 벌써 휴가 이야기가 나온다.

이번 휴가는 가장 친한 친구와 제주도에 가기로 했다.

그동안 바쁘다는 핑계로 1년 만에 떠나는 여행이라 그런지

기대가 애드벌룬처럼 부풀어 있다.

Track 103

핵심구문 ❶
我喜欢跟朋友一起吃饭聊天。
저는 친구와 함께 밥 먹고 이야기하는 것을 좋아해요.

핵심구문 ❷
这个周末你想干什么?
이번 주말에 당신은 무엇을 하려고 하나요?

핵심구문 ❸
我想去旅游。
저는 여행을 가고 싶어요.

맛있는 단어

Track 104

- ☐☐ 平时　　píngshí　　몡 평소
- ☐☐ 下班　　xiàbān　　동 이합 퇴근하다
  - 上班 shàngbān 출근하다
- ☐☐ 后　　　hòu　　　몡 ~후에, 뒤
  - 前 qián ~앞에, 앞
- ☐☐ 回　　　huí　　　동 돌아가다
- ☐☐ 休息　　xiūxi　　 동 쉬다, 휴식하다
- ☐☐ 跟　　　gēn　　　젼 ~와
- ☐☐ 朋友　　péngyou　몡 친구
  - 好朋友 hǎopéngyou 좋은 친구, 친한 친구
- ☐☐ 一起　　yìqǐ　　　부 같이, 함께
  - 一块儿 yíkuàir 같이, 함께
- ☐☐ 聊天　　liáotiān　동 이합 한담을 나누다, 수다 떨다
- ☐☐ 周末　　zhōumò　　몡 주말
- ☐☐ 想　　　xiǎng　　조동 ~하고 싶다 동 그리워하다, 생각하다
- ☐☐ 干　　　gàn　　　 동 하다
  - 做 zuò 하다 | 作 zuò 하다
- ☐☐ 老家　　lǎojiā　　몡 본가, 고향 집
  - 老乡 lǎoxiāng 고향 사람
- ☐☐ 暑假　　shǔjià　　몡 여름 방학, 여름휴가
  - 寒假 hánjià 겨울 방학
- ☐☐ 济州岛　Jìzhōudǎo　고유 제주도

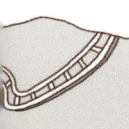

맛있는 회화

상황 1 퇴근 후의 일정 묻기 　Track 105

高笑美　你平时下班后做什么?
　　　　Nǐ píngshí xiàbān hòu zuò shénme?

金成功　我回家休息, 你呢?
　　　　Wǒ huíjiā xiūxi, nǐ ne?

高笑美　我喜欢跟❶朋友一起吃饭聊天。
　　　　Wǒ xǐhuan gēn péngyou yìqǐ chīfàn liáotiān.

상황 2 주말 스케줄 묻기 　Track 106

高笑美　这个周末你想❷干什么?
　　　　Zhège zhōumò nǐ xiǎng gàn shénme?

金成功　我想回老家。
　　　　Wǒ xiǎng huí lǎojiā.

✦ '지난'과 '다음'을 나타내는 표현

지난주나 지난달을 나타낼 때는 上(shàng)을 쓰고, 다음 주나 다음 달을 나타낼 때는 下(xià)를 씁니다.

지난주	이번 주	다음 주
上个星期 shàng ge xīngqī	这个星期 zhège xīngqī	下个星期 xià ge xīngqī
지난달	**이번 달**	**다음 달**
上个月 shàng ge yuè	这个月 zhège yuè	下个月 xià ge yuè

| Dialogue

상황 3 휴가 스케줄 묻기   Track 107

高笑美 这个暑假你想做什么？
Zhège shǔjià nǐ xiǎng zuò shénme?

金成功 我想去旅游❸。
Wǒ xiǎng qù lǚyóu.

高笑美 你想去哪儿？
Nǐ xiǎng qù nǎr?

金成功 我想去济州岛。
Wǒ xiǎng qù Jìzhōudǎo.

맛있는 어법

| Grammar

❶ 전치사 跟

跟은 '~와'라는 뜻을 가지고 있으며, '跟……一起' 형식으로 많이 쓰입니다.

我跟同事一起去爬山。 나는 동료와 같이 등산을 갑니다.
Wǒ gēn tóngshì yìqǐ qù páshān.

他想跟我们一起吃饭。 그는 우리랑 같이 식사하고 싶어 해요.
Tā xiǎng gēn wǒmen yìqǐ chīfàn.

❷ 조동사 想의 용법

想은 조동사로 동사 앞에 위치해 '~하고 싶다'라는 뜻을 나타냅니다. 부정형은 不想을 씁니다.

我想学跳舞。 난 춤을 배우고 싶어요.
Wǒ xiǎng xué tiàowǔ.

他想去意大利。 그는 이탈리아에 가고 싶어 합니다.
Tā xiǎng qù Yìdàlì.

她不想去旅游。 그녀는 여행을 가고 싶어 하지 않습니다.
Tā bù xiǎng qù lǚyóu.

＊意大利 Yìdàlì [고유] 이탈리아

❸ 자동사와 타동사

자동사	타동사
목적어를 갖지 않는 동사	목적어를 동반하는 동사
旅游 lǚyóu 여행하다｜出差 chūchāi 출장 가다｜出发 chūfā 출발하다	学 xué 배우다｜去 qù 가다｜吃 chī 먹다
我去美国出差。 나는 미국으로 출장 가요. Wǒ qù Měiguó chūchāi. 我们明天出发。 우리는 내일 출발해요. Wǒmen míngtiān chūfā.	我学京剧。 나는 경극을 배워요. Wǒ xué jīngjù. 他们吃晚饭。 그들은 저녁을 먹어요. Tāmen chī wǎnfàn.

＊美国 Měiguó [고유] 미국
＊京剧 jīngjù [명] 경극
＊晚饭 wǎnfàn [명] 저녁밥

맛있는 발음

| Pronunciation

◎ z, c, s 발음을 연습해 보세요.　　　　Track 108

Step 1 기본 연습

z
zi
zao
zong

c
ci
cao
cong

s
si
sao
song

Step 2 확장 연습

z
zizun
zongzu
zouzui

c
caice
canci
cangcui

s
sisuo
suisu
songsan

Step 3 응용 연습

z
zǒusī
zǎocāo
zǔsè

c
cāzǎo
cǎnsǐ
cǎizé

s
suōzi
sīcáo
sòngzàng

12과 我想去旅游。• 141

연습 문제

1 녹음을 잘 듣고 다음 내용에 맞는 그림을 고르세요. Track 109

A

B

C

D

❶ 我喜欢跟朋友一起吃饭。　　　　　　　　　　(　　　)

❷ 我回家休息。　　　　　　　　　　　　　　　(　　　)

❸ 我想去济州岛。　　　　　　　　　　　　　　(　　　)

2 녹음을 잘 듣고 한어병음에 맞는 한자를 쓰세요. Track 110

❶
xiàbān	píngshí	liáotiān	zhōumò

❷
huí lǎojiā	shǔjià	nǐ xiǎng zuò shénme?

3 서로 어울리는 대화끼리 연결하세요.

❶ 这个周末你想干什么?　•　　　　•　A　我想去中国。

❷ 你下班后做什么?　•　　　　•　B　这个周末我想在家休息。

❸ 这个暑假你想做什么?　•　　　　•　C　我跟朋友吃饭。

❹ 你想去哪儿?　•　　　　•　D　这个暑假我想去旅游。

4 다음을 중국어로 써 보세요.

❶ 나는 집에 가서 쉬어요.

　➡ _____

❷ 주말에 어디 가고 싶어요?

　➡ _____

❸ 이번 여름휴가 때 나는 중국에 가고 싶어요.

　➡ _____

❹ 나는 친구들과 함께 수다 떠는 걸 좋아해요.

　➡ _____

 문화 속으로

● 통역이 있어도 중국어는……

요즘에는 중국과 관련된 사업을 하는 사람들이 점점 많아져 중국어를 잘하는 사람들도 정말 많다. 그런데 간혹 어떤 사람들은 바쁘고 시간이 없다는 핑계로 '통역'에만 의존한다. 옆에서 볼 때는 '왜 자신의 밥그릇을 남의 손에 맡기나?' 싶은 안타까운 마음이 드는데, 정작 당사자는 중국어를 공부할 시간에 사업 구상을 하면 훨씬 더 큰 수익을 올릴 수 있다고 장담을 한다.

물론 잘 늘지도 않는 중국어에 시간과 애정을 쏟으며 상처를 받느니 차라리 믿음직한 '사람'에게 맡긴다는 생각이 나쁜 것은 아니다. 그러나 그 믿음직한 사람이 본의 아니게 실수를 하는 바람에 회사에 막대한 손해라도 끼치게 된다면 그때는 어떻게 할까? 그렇다고 오너가 중국어로 직접 협상을 할 만큼 유창한 실력을 갖추고 있어야 한다는 것은 아니다. 설령 오너가 중국어를 할 수 있다고 하더라도 중요한 협상에는 통역을 대동하는 것이 유리하다. 오너는 통역사가 통역을 하는 동안 시간을 벌 수 있으니까.

▲ 중국의 통·번역 회사 광고

'알아야 시킬 수 있다'라는 말이 있다. 통역도 마찬가지다. 오너가 중국어에 대해서 어느 정도 알고 있어야, 통역사가 범할 수 있는 실수를 줄일 수 있다. 통역사도 사람이다 보니 협상이 길어지면 자연 입도 풀리고, 때로는 실수를 할 수도 있다. 이때 그 실수를 바로잡을 수 있는 사람이 바로 오너이다. 오너는 중국어를

▲ 언어를 알면 협상에서 유리하다

조금만 할 수 있어도 오너 특유의 동물적인 감각으로 잘못 돌아가는 상황을 금방 파악할 수 있기 때문이다. 그리고 더 중요한 것은 통역사가 가장 범하기 쉬운 오류인 '주관적인 통역'을 예방하기 위해서라도 오너는 중국어를 알고 있어야 한다. 여기서 말하는 주관적인 통역이란 통역사가 일부러 의도해서라기보다는 자신도 모르게 오너의 말에 자신의 생각을 가미해서 통역하는 것을 말한다. 협상 테이블에서 절대 일어나서는 안 되는 상황임에도 간혹 발생하여 쌍방 오너 간의 오해를 불러일으키곤 한다. 이럴 때 또 한 번 오너의 힘이 필요하다.

여전히 '통역'만을 고집한다면 할 수 없지만, 중국과의 사업을 더 성공적으로 하고 싶은 분들이라면 지금도 늦지 않았으니 중국어 공부를 시작하셨으면 하는 바람이다. 파이팅!

人事部在二楼。
Rénshìbù zài èr lóu.

인사부는 2층에 있어요.

상황 1 사무용품의 위치 묻기
상황 2 부서 위치 묻기
상황 3 자리 묻기
　－ 방위사

내 자리는 창가 쪽이다.
그래서 가끔 한눈을 팔기도 한다.
그렇다고 마냥 공상만 하는 것은 아니고,
머리가 아플 때 파란 하늘을 올려다보곤 한다.
그럴 때면 하늘이 말을 건다. "김성공, 쉬면서 해~~"

Track 111

핵심구문 ❶
复印机在文件柜右边。
복사기는 캐비닛 오른쪽에 있어요.

핵심구문 ❷
请问，人事部在哪儿?
말씀 좀 여쭐게요, 인사부는 어디에 있나요?

핵심구문 ❸
对不起，他在哪儿?
죄송한데요, 그는 어디에 있나요?

Biz 맛있는 단어

Track 112

- [ ] 复印机　　　fùyìnjī　　　　　명 복사기
  打印机 dǎyìnjī 프린터 | 传真 chuánzhēn 팩스 | 电脑 diànnǎo 컴퓨터

- [ ] 在　　　　　zài　　　　　　동 ~에 있다

- [ ] 文件柜　　　wénjiànguì　　　명 캐비닛, 문서함

- [ ] 右边　　　　yòubian　　　　명 오른쪽
  左边 zuǒbian 왼쪽 | 上边 shàngbian 위쪽 | 下边 xiàbian 아래쪽

- [ ] 二楼　　　　èr lóu　　　　　2층
  一楼 yī lóu 1층 | 大厅 dàtīng 로비

- [ ] 那儿　　　　nàr　　　　　　대 그곳, 저기
  这儿 zhèr 여기

- [ ] 窗户　　　　chuānghu　　　　명 창문

- [ ] 前边　　　　qiánbian　　　　명 앞쪽
  后边 hòubian 뒤쪽

- [ ] 啊　　　　　ā　　　　　　　감탄 오, 아하!, 이런
  *놀라움, 깨달음, 경탄 등의 뜻을 나타냄

- [ ] 那边　　　　nàbiān　　　　　명 저쪽, 그쪽
  这边 zhèbiān 이쪽

- [ ] 不谢　　　　búxiè　　　　　동 천만에요
  不用谢 búyòng xiè 괜찮아요

13과 人事部在二楼。

맛있는 회화

상황 1 사무용품의 위치 묻기 Track 113

金成功　小高，复印机在哪儿?
　　　　Xiǎo Gāo, fùyìnjī zài nǎr?

高笑美　复印机在文件柜右边❶。
　　　　Fùyìnjī zài wénjiànguì yòubian.

상황 2 부서 위치 묻기 Track 114

客　户　请问，人事部在哪儿?
　　　　Qǐngwèn, rénshìbù zài nǎr?

金成功　人事部在二楼。
　　　　Rénshìbù zài èr lóu.

Tip

+ 동사 在

在가 동사로 쓰이면 '~에 있다(존재하다)'의 뜻을 나타내며, 뒤에는 반드시 장소가 동반됩니다.

사람/사물 + 在 + 장소

* 相机 xiàngjī 명 카메라

韩部长在公司。 한 부장님은 회사에 계세요.
Hán bùzhǎng zài gōngsī.

你的相机在我这儿。 당신 카메라는 나한테 있어요.
Nǐ de xiàngjī zài wǒ zhèr.

+ 啊

啊는 조사이면서 감탄사로도 쓰입니다. 쓰이는 위치에 따라 용법이 달라지는 것에 주의하세요.

啊，他就是张总? 뭐라고요, 저분이 바로 장 사장님이시라고요?
Á, tā jiù shì Zhāng zǒng?

哎，你去哪儿啊? 어이, 자네 어디 가나?
Āi, nǐ qù nǎr a?

* 哎 āi 감탄 어이, 야

상황 3 자리 묻기 Track 115

客 户 请问，金成功代理在哪儿?
Qǐngwèn, Jīn Chénggōng dàilǐ zài nǎr?

高笑美 那儿就是。
Nàr jiù shì.

客 户 对不起，他在哪儿?
Duìbuqǐ, tā zài nǎr?

高笑美 就是窗户前边那位。
Jiù shì chuānghu qiánbian nà wèi.

客 户 啊! 在那边。谢谢!
Ā! Zài nàbiān. Xièxie!

高笑美 不谢!
Búxiè!

Biz 맛있는 어법

| Grammar

❶ 방위사

① 방위사의 종류

- 단순 방위사

上 shàng 위	下 xià 아래	前 qián 앞	后 hòu 뒤	里 lǐ 안
外 wài 밖	左 zuǒ 좌	右 yòu 우	东 dōng 동	西 xī 서
南 nán 남	北 běi 북	旁 páng 옆	间 jiān 사이	中 zhōng 안, 속

- 합성 방위사

东边 dōngbian 동쪽	西边 xībian 서쪽	南边 nánbian 남쪽	北边 běibian 북쪽	左边 zuǒbian 왼쪽	右边 yòubian 오른쪽
上边 shàngbian 위쪽	下边 xiàbian 아래쪽	前边 qiánbian 앞쪽	后边 hòubian 뒤쪽	对面 duìmiàn 맞은편	斜对面 xiéduìmiàn 대각선 맞은편
中间 zhōngjiān 가운데	身边 shēnbiān 곁에	旁边 pángbiān 옆쪽	里边 lǐbian 안쪽	外边 wàibian 바깥쪽	之间 zhījiān ~사이

② 방위사의 특징

- 방위사는 주어, 목적어, 관형어로 쓰일 수 있습니다.

  주어 里边有人。 안에 사람이 있어요.
  Lǐbian yǒu rén.

  목적어 金代理在我前边。 김 대리는 제 앞쪽에 있어요.
  Jīn dàilǐ zài wǒ qiánbian.

  관형어 上边的钱包是她的。 위에 있는 지갑은 그녀 거예요.　　＊钱包 qiánbāo 몡 지갑
  Shàngbian de qiánbāo shì tā de.

- 방위사가 관형어로 쓰일 때는 주어나 목적어 앞에 的를 씁니다.

  后边的人个子很高。 뒤쪽에 있는 사람은 키가 커요.　　＊个子 gèzi 몡 키
  Hòubian de rén gèzi hěn gāo.

- '장소명사+里边/上边' 구조일 때는 边을 생략하고, 里 또는 上만 씁니다.

  办公室里有几个人？ 사무실에 몇 사람이 있어요?　　＊办公室 bàngōngshì 몡 사무실
  Bàngōngshì li yǒu jǐ ge rén?

맛있는 발음

| Pronunciation

◯ ou, uo 발음을 연습해 보세요.　　　　Track 116

Step 1 기본 연습

ou
dou
lou
zou

uo
duo
luo
zuo

Step 2 확장 연습

ou
choutou
doulou
houshou

uo
duosuo
luoguo
ruocuo

Step 3 응용 연습

ou
róuruò
shòutuō
gōuhuǒ

uo
duòshǒu
luókǒu
tuōgōu

연습 문제

1 녹음을 잘 듣고 다음 내용에 맞는 그림을 고르세요. Track 117

A B C D

❶ 复印机在文件柜右边。　　　　　　　　　　(　　)

❷ 人事部在二楼。　　　　　　　　　　　　　(　　)

❸ 她在窗户前边。　　　　　　　　　　　　　(　　)

2 녹음을 잘 듣고 한어병음에 맞는 한자를 쓰세요. Track 118

❶ nǎr　　jiù　　ā　　nàr

❷ fùyìnjī　　zài nàbiān　　búxiè　　yòubian

| Exercise

3 서로 어울리는 대화끼리 연결하세요.

❶ 请问，人事部在哪儿?　　　　　　　A 复印机在文件柜旁边。

❷ 金代理在哪儿?　　　　　　　　　　B 啊，谢谢!

❸ 复印机在哪儿?　　　　　　　　　　C 人事部在二楼。

❹ 他在那边。　　　　　　　　　　　　D 他在窗户前边。

4 다음을 중국어로 써 보세요.

❶ 복사기는 캐비닛 왼쪽에 있어요.

　➡ _____

❷ 인사부는 2층에 있나요?

　➡ _____

❸ 김 대리는 저쪽에 있습니다.

　➡ _____

❹ 아, 저쪽에 계시군요. 고맙습니다.

　➡ _____

플러스 표현

● 사무실에서

□ 这是新买的电脑。 이건 새로 산 컴퓨터예요.
　Zhè shì xīn mǎi de diànnǎo.

□ 这张桌子放在哪儿?
　Zhè zhāng zhuōzi fàngzài nǎr?
　이 책상은 어디에다 놓을까요?

□ 你把复印机搬到这边来。
　Nǐ bǎ fùyìnjī bāndào zhèbiān lái.
　복사기를 이쪽으로 옮겨 주세요.

□ 打印机在小高桌子上。
　Dǎyìnjī zài Xiǎo Gāo zhuōzi shang.
　프린터는 미스 고 책상 위에 있어요.

□ 饮水机在办公室门口。
　Yǐnshuǐjī zài bàngōngshì ménkǒu.
　정수기는 사무실 입구에 있어요.

▲ 这是新买的电脑。

▲ 会议室里有很多人。

□ 金代理，你的电话! 김 대리, 전화 왔어요!
　Jīn dàilǐ, nǐ de diànhuà!

□ 会议室里有很多人。 회의실에 사람들이 많아요.
　Huìyìshì li yǒu hěn duō rén.

□ 韩部长在那儿。 한 부장님은 저쪽에 계시네요.
　Hán bùzhǎng zài nàr.

□ 他们都在一楼。 그들은 모두 1층에 있어요.
　Tāmen dōu zài yī lóu.

□ 打卡机坏了。 출퇴근 기록기가 고장 났어요.
　Dǎkǎjī huài le.

从这儿到公司近吗?
Cóng zhèr dào gōngsī jìn ma?
여기에서 회사까지 가까운가요?

- 상황 1 회사 위치 묻기
- 상황 2 회사 부대 시설 묻기
- 상황 3 회사 찾아가기

从……到…… | 吧의 여러 가지 용법
전치사 离 | 전치사 给

우리 회사는 직원 휴게실이 참 잘되어 있다.

최신식 카페 분위기에 커피와 차도 모두 최고급이다.

그래서 나는 손님이 찾아오겠다고 하면

꼭 우리 회사 직원 휴게실로 모신다.

이렇게 좋은 카페를 놓아두고 외부로 나가는 것은 낭비인 것 같아서.

Track 119

핵심구문 ❶
从这儿到贵公司近吗？
여기에서 귀사까지 가까운가요?

핵심구문 ❷
我们公司里有一个员工休息室。
우리 회사에는 직원 휴게실이 있습니다.

핵심구문 ❸
你下地铁后给我打电话吧。
지하철에서 내린 후에 제게 전화 주세요.

Biz 맛있는 단어

Track 120

从……到……	cóng……dào……	~에서 ~까지
这儿	zhèr	때 여기, 이곳
近	jìn	형 가깝다
你们	nǐmen	때 너희(들)
里	lǐ	명 안

外 wài 밖

| 员工休息室 | yuángōng xiūxishì | 직원 휴게실 |
| 下午 | xiàwǔ | 명 오후 |

上午 shàngwǔ 오전

来	lái	동 오다
吧	ba	조 문장 끝에 쓰여 상의, 제의, 명령, 허가, 동의, 추측 등의 어감을 나타냄
离	lí	전 ~로부터
地铁站	dìtiězhàn	명 지하철역

车站 chēzhàn 정류장 | 火车站 huǒchēzhàn 기차역 | 机场 jīchǎng 공항

远	yuǎn	형 멀다
下	xià	명 아래, 다음 동 내리다
地铁	dìtiě	명 지하철
给	gěi	전 ~에게 동 주다
打	dǎ	동 때리다, (전화를) 걸다, (차를) 잡다
电话	diànhuà	명 전화

公用电话 gōngyòng diànhuà 공중전화 | 长途电话 chángtú diànhuà 시외 전화, 장거리 전화

| 好的 | hǎo de | 좋아요, 오케이 |

14과 从这儿到公司近吗? • 157

맛있는 회화

상황 1 회사 위치 묻기 Track 121

客 户 从这儿到❶贵公司近吗?
　　　　Cóng zhèr dào guì gōngsī jìn ma?

金成功 很近。
　　　　Hěn jìn.

상황 2 회사 부대 시설 묻기 Track 122

客 户 你们公司里有没有员工休息室?
　　　　Nǐmen gōngsī li yǒu méiyǒu yuángōng xiūxishì?

金成功 我们公司里有一个员工休息室。
　　　　Wǒmen gōngsī li yǒu yí ge yuángōng xiūxishì.

+ 존재를 나타내는 동사 有

동사 有는 '~에 ~이 있다'라는 뜻으로 사람이나 사물의 존재를 나타냅니다.

　　장소 + 有 + 사람/사물

办公室里有八个人。 사무실에 여덟 사람이 있어요.
Bàngōngshì li yǒu bā ge rén.

公司附近有一个书店。 회사 근처에 서점이 하나 있어요.
Gōngsī fùjìn yǒu yí ge shūdiàn.

* 附近 fùjìn 명 근처, 부근
* 书店 shūdiàn 명 서점

| Dialogue

상황 3 회사 찾아가기 Track 123

客 户 金代理，今天下午我想去你们公司，你在不在？
Jīn dàilǐ, jīntiān xiàwǔ wǒ xiǎng qù nǐmen gōngsī, nǐ zài bu zài?

金成功 我在公司，你来吧。❷
Wǒ zài gōngsī, nǐ lái ba.

客 户 你们公司离❸地铁站远不远？
Nǐmen gōngsī lí dìtiězhàn yuǎn bu yuǎn?

金成功 不远。你下地铁后给❹我打电话吧。
Bù yuǎn. Nǐ xià dìtiě hòu gěi wǒ dǎ diànhuà ba.

客 户 好的。
Hǎo de.

14과 从这儿到公司近吗？

Biz 맛있는 어법

| Grammar

❶ 从……到……

전치사 구조 '从……到……'는 '~에서 ~까지'라는 뜻으로 공간상·시간상의 거리를 나타냅니다.

从这儿**到**我们公司很远。 여기에서 우리 회사까지는 멀어요.
Cóng zhèr dào wǒmen gōngsī hěn yuǎn.

从早**到**晚他都很忙。 아침부터 밤까지 그는 계속 바빠요.
Cóng zǎo dào wǎn tā dōu hěn máng.

＊晚 wǎn 명 밤 형 늦다

❷ 吧의 여러 가지 용법

어기조사 吧는 다음과 같은 다양한 용법이 있습니다.

명령	你快来**吧**! 자네 빨리 오게!	청유	我们一起看**吧**。 우리 같이 봐요.
Nǐ kuài lái ba!		Wǒmen yìqǐ kàn ba.
확인	这位是李总**吧**? 이분이 이 사장님이시죠?	동의	好**吧**, 我也去。 그래요, 저도 갈게요.
Zhè wèi shì Lǐ zǒng ba?		Hǎo ba, wǒ yě qù.

＊快 kuài 부 빨리

❸ 전치사 离

离는 '~로부터'라는 뜻으로 뒤에 출발점이 놓이며, 목적지와의 공간상·시간상의 거리를 나타냅니다.

公司**离**我家很近。 회사는 우리 집에서 가까워요.
Gōngsī lí wǒ jiā hěn jìn.

离开会还有十分钟。 회의 시작까지 아직 10분 남았어요.
Lí kāihuì hái yǒu shí fēnzhōng.

＊分钟 fēnzhōng 명 분

❹ 전치사 给

给는 '~을 위해, ~에게'라는 뜻으로 동작의 대상을 나타냅니다. 부정형은 不给를 씁니다.
＊给가 동사로 쓰일 때는 이중 목적어를 동반합니다.

我**给**你打电话。 내가 당신한테 전화할게요.
Wǒ gěi nǐ dǎ diànhuà.

公司**不给**我们发奖金。 회사에서는 우리에게 보너스를 지급하지 않습니다.
Gōngsī bù gěi wǒmen fā jiǎngjīn.

맛있는 발음 | Pronunciation

○ uan, üan 발음을 연습해 보세요.   Track 124

Step 1 기본 연습

uan
duan
chuan
tuan

üan
juan
quan
xuan

Step 2 확장 연습

uan
guanchuan
suanruan

üan
yuanquan
quanxuan

Step 3 응용 연습

uan
guānyuán
huānyuán

üan
xuānchuán
juānkuǎn

연습 문제

1 녹음을 잘 듣고 다음 내용에 맞는 그림을 고르세요. Track 125

A   B

C   D

❶ 公司里有员工休息室。 (　　)

❷ 我在公司，你来吧。 (　　)

❸ 你给我打电话吧。 (　　)

2 녹음을 잘 듣고 한어병음에 맞는 한자를 쓰세요. Track 126

❶ cóng　　dào　　lí　　jìn

❷ hěn yuǎn　　dìtiězhàn　　wǒ xiǎng qù

3 서로 어울리는 대화끼리 연결하세요.

❶ 你今天上午来吗？　　　•　　　　　• A 我在公司。

❷ 从这儿到贵公司近吗？　•　　　　　• B 我今天下午去。

❸ 今天下午你在公司吗？　•　　　　　• C 好的。

❹ 你下地铁后给我打电话吧。•　　　　• D 很近。

4 다음을 중국어로 써 보세요.

❶ 여기에서 귀사까지 먼가요?

　➡ _____

❷ 우리 회사는 지하철역에서 가까워요.

　➡ _____

❸ 오늘 오후에 제가 귀사에 갈까해요.

　➡ _____

❹ 오늘 오전에 저는 회사에 있습니다.

　➡ _____

플러스 단어

● 회사 근처 시설

医院 yīyuàn 병원
银行 yínháng 은행
邮局 yóujú 우체국
网吧 wǎngbā PC방
文具店 wénjùdiàn 문구점

▲ 邮局

▲ 电影院

酒吧 jiǔbā 바(bar)
咖啡厅 kāfēitīng 카페
餐厅 cāntīng 식당
电影院 diànyǐngyuàn 극장, 영화관

超市 chāoshì 슈퍼마켓, 마트
鞋店 xiédiàn 신발 가게
服装店 fúzhuāngdiàn 옷 가게
百货商店 bǎihuò shāngdiàn 백화점

▲ 超市

▲ 健身房

面包店 miànbāodiàn 베이커리
美发厅 měifàtīng 미용실
健身房 jiànshēnfáng 헬스클럽
花店 huādiàn 꽃집

苹果多少钱一斤?
Píngguǒ duōshao qián yì jīn?

사과 한 근에 얼마예요?

상황1 물건 찾기
상황2 옷 입어 보기
상황3 과일 사기

- 조동사 可以 | 多少로 묻는 의문문 | 인민폐 읽는 법

중국에선 고기, 생선, 과일, 야채뿐 아니라,
사람 몸무게도 '근(斤)'으로 말한다고 한다.
'아니 어찌 사람을 근으로??' 싶기도 하지만,
하긴 뭐 사람도 저울에 올라가 무게를 다니까.
바야흐로 여름도 가까워 오는데 나도 몸매 관리를 위해 '몇 근'만 빼 볼까?

Track 127

핵심구문 ①

您去三楼文具区看看。
3층 문구 코너에 가 보세요.

핵심구문 ②

这件衣服可以试试吗?
이 옷은 입어 봐도 되나요?

핵심구문 ③

苹果多少钱一斤?
사과 한 근에 얼마예요?

맛있는 단어

Track 128

小姐	xiǎojiě	몡 아가씨
复印纸	fùyìnzhǐ	몡 복사지
文具区	wénjù qū	문구 코너
件	jiàn	양 건, 개 *옷, 일, 문건 등을 세는 단위
衣服	yīfu	몡 옷
可以	kěyǐ	조동 ~할 수 있다, ~해도 좋다
试	shì	동 시험하다, 시도해 보다
当然	dāngrán	형 당연하다
更衣室	gēngyīshì	몡 탈의실
阿姨	āyí	몡 아주머니, 이모
苹果	píngguǒ	몡 사과
多少	duōshao	대 얼마 *주로 10 이상의 수를 묻는 데 쓰임
钱	qián	몡 돈
多少钱	duōshao qián	얼마인가요?
斤	jīn	양 근
块	kuài	양 위안(元 yuán); 조각, 덩어리 *고기, 천, 케이크 조각을 세는 단위
芒果	mángguǒ	몡 망고
卖	mài	동 팔다
特别	tèbié	부 특별히
甜	tián	형 달다
来	lái	동 주동적으로 어떤 동작을 하다, 조 자(다른 사람을 부르거나 재촉함)
尝	cháng	동 맛보다
真的	zhēnde	정말로

맛있는 회화

상황 1 물건 찾기 　Track 129

金成功　小姐，你们这儿有复印纸吧?
　　　　Xiǎojiě, nǐmen zhèr yǒu fùyìnzhǐ ba?

售货员　有。您去三楼文具区看看。
　　　　Yǒu. Nín qù sān lóu wénjù qū kànkan.

상황 2 옷 입어 보기 　Track 130

金成功　小姐，这件衣服可以❶试试吗?
　　　　Xiǎojiě, zhè jiàn yīfu kěyǐ shìshi ma?

售货员　当然啊，那边有更衣室。
　　　　Dāngrán a, nàbiān yǒu gēngyīshì.

Tip

+ 1음절 동사의 중첩

동사를 중첩하면 느낌이 가벼워지고, '시도해 보다'라는 뜻을 갖습니다. 1음절 동사의 중첩형은 다음과 같이 쓸 수 있고, 중첩된 동사의 두 번째 음절은 '경성'으로 읽습니다.

看看 kànkan 좀 보다 | 看一看 kàn yi kàn 좀 보다 | 看了看 kàn le kàn 보았다

+ 전치 목적어

목적어가 길거나 이를 강조하고자 할 때는 주어 앞에 목적어를 놓는데, 이런 목적어를 전치 목적어라 합니다.

这件衣服可以试试。 이 옷은 입어 봐도 돼요.
Zhè jiàn yīfu kěyǐ shìshi.

一年四季我都喜欢。 일 년 사계절을 나는 다 좋아해요.
Yì nián sìjì wǒ dōu xǐhuan.

＊四季 sìjì 명 사계절

| Dialogue

상황 3 과일 사기 Track 131

金成功: 阿姨，苹果多少❷钱一斤？
Āyí, píngguǒ duōshao qián yì jīn?

售货员: 苹果三块五❸一斤，十块钱三斤。
Píngguǒ sān kuài wǔ yì jīn, shí kuài qián sān jīn.

金成功: 那芒果怎么卖？
Nà mángguǒ zěnme mài?

售货员: 八块钱一斤，芒果特别甜。来，尝尝！
Bā kuài qián yì jīn, mángguǒ tèbié tián. Lái, chángchang!

金成功: 啊！真的很甜。
Ā! Zhēnde hěn tián.

Biz 맛있는 어법

| Grammar

❶ 조동사 可以

可以는 조건이나 환경의 허락, 규칙적이거나 도의적인 허락의 뜻을 나타냅니다. 부정형은 주로 不能을 씁니다.

这儿**可以**游泳。 여기서 수영할 수 있어요.
Zhèr kěyǐ yóuyǒng.

下星期**可以**交货吗? 다음 주에 납품하실 수 있나요?
Xià xīngqī kěyǐ jiāohuò ma?

这儿**不能**游泳。 여기서는 수영할 수 없습니다.
Zhèr bù néng yóuyǒng.

* 下星期 xià xīngqī 몡 다음 주
* 交货 jiāohuò 통 물품을 인도하다, 납품하다

❷ 多少로 묻는 의문문

10 이상의 숫자와 값 등을 물을 때는 多少를 씁니다. 多少가 명사를 수식할 때 个는 생략할 수 있습니다.

A 葡萄**多少**钱一斤? 포도 한 근에 얼마예요?
　Pútao duōshao qián yì jīn?

B 三块一斤。 한 근에 3위엔요.
　Sān kuài yì jīn.

贵公司有**多少**人? 귀사에는 직원이 얼마나 되나요?
Guì gōngsī yǒu duōshao rén?

* 葡萄 pútao 몡 포도

❸ 인민폐 읽는 법

① 중국의 화폐는 人民币(rénmínbì 인민폐)라 부릅니다.

| 문어체 | 元 yuán | 角 jiǎo | 分 fēn |
| 회화체 | 块 kuài | 毛 máo | 分 fēn |

9.68 ◐ jiǔ yuán liù jiǎo bā fēn
7.53 ◐ qī kuài wǔ máo sān fēn

15.00元 ◐ 十五块钱 shíwǔ kuài qián
436.89元 ◐ 四百三十六块八毛九分 sìbǎi sānshíliù kuài bā máo jiǔ fēn

② 화폐의 중간 단위가 비어 있을 때는 零으로 읽습니다.

1603.82元 ◐ 一千六百零三块八毛二分 yìqiān liùbǎi líng sān kuài bā máo èr fēn

* 千 qiān 쉬 1,000, 천

맛있는 발음

| Pronunciation

◯ ie, ei 발음을 연습해 보세요.　　　Track 132

Step 1 기본 연습

ie
bie
nie
lie

ei
bei
nei
lei

Step 2 확장 연습

ie
jiejie
qieqie
xiemie

ei
meimei
beiwei
feizei

Step 3 응용 연습

ie
jiéwěi
xiéměi
xiēwēi

ei
fēidié
bēiqiè
pèibèi

연습 문제

1 녹음을 잘 듣고 다음 내용에 맞는 그림을 고르세요. Track 133

A    B

C    D

❶ 您去三楼文具区看看。　　　　　　　　　　（　　　）

❷ 苹果三块五一斤。　　　　　　　　　　　　（　　　）

❸ 芒果特别甜。　　　　　　　　　　　　　　（　　　）

2 녹음을 잘 듣고 한어병음에 맞는 한자를 쓰세요. Track 134

❶ yīfu　　　dāngrán　　　qián　　　jīn

❷ kěyǐ shìshi　　　zěnme mài?　　　zhēnde hěn tián

| Exercise

3 서로 어울리는 대화끼리 연결하세요.

❶ 更衣室在哪儿?　　　　•　　　　•　A　真的很甜。

❷ 你们这儿有复印纸吧?　•　　　　•　B　两块钱一斤。

❸ 苹果多少钱一斤?　　　•　　　　•　C　那边。

❹ 小姐，来，尝尝!　　　•　　　　•　D　当然有。

4 다음을 중국어로 써 보세요.

❶ 복사지는 3층 문구 코너에 있어요.

　➡ _____

❷ 망고는 한 근에 얼마인가요?

　➡ _____

❸ 사과가 아주 달아요. 여기, 맛보세요.

　➡ _____

❹ 저 옷 입어 봐도 되나요?

　➡ _____

문화 속으로

● 협상의 귀재 중국인

단도직입적으로 말해, 중국인들은 협상의 귀재다. 그들이 말을 잘하느냐고? 아, 물론이다. 사회주의 체제하에서의 토론 문화에 익숙한 탓인지 대부분의 중국인들은 말을 참 조리 있게 잘한다는 생각이 든다. 그러나 그들과의 협상 중에 정작 고개를 절레절레 흔들게 만드는 것은 그들의 '포커 페이스'다. 아마도 포커 페이스에 대해서는 들어 본 적이 있겠지만, 실제 협상 테이블에 앉아 보면 생각보다 훨씬 더 노련함을 알 수 있다. 어쩜 그리 능청스럽게 싱글싱글 웃으면서 자신들의 실리를 확실히 챙기는지. 그에 반해 우리는 '희.노.애.락'의 감정을 쉽게 드러낸다. 협상이라면 자신 있다 하시는 사장님들도 처음에는 어느 정도 팽팽한 '포커 페이스' 릴레이로 시작하지만 협상이 무르익을 무렵이 되면 어느새 얼굴 표정에 '나의 현재 기분은?' 하고 일기예보 하듯 감정이 묻어나는 경우가 많다.

▲ 포커 페이스 중국인

하나 더 말하자면 중국인들은 '밀고 당기기 선수들'이다. 그들의 수준급 '밀고 당기기'의 바탕에는 앞에서 말한 '포커 페이스'와 '지구전'에 강한 그들의 '만만디' 성격이 한몫을 톡톡히 한다. 협상 테이블에서 그들은 절대 급하지 않다. 그야말로 '느긋하고 천천히' 자신들의 의견을 관철시켜 나간다. 이에 반해 한국인들의 급하게 밀어붙이는 성격은 협상에서도 고스란히 나타나는데, 이 점은 협상 초반에는 유리하지만, 뒤로 갈수록 '뒷심'이 달려 저들의 '지구전'에 역습을 당하는 경우를 종종 보게 된다.

▲ 상인의 피가 흐르는 중국인

누군가는 그런다. 중국인들은 태어나면서부터 상인의 피를 타고나는 것 같다고. 일리 있는 말이다. 멀리 갈 것도 없이 그들과 협상 테이블에 마주 앉는 순간 우리는 저들의 몸속에 '상인의 피'가 흐르고 있음을 감지할 수 있다. 그러니 그들과의 협상에 임하는 우리의 자세 또한 이젠 달라져야 하지 않을까 싶다. 적어도 협상에서 만큼은 '인간적이고 호방한 추진력'은 지양하고, 우리도 저들처럼 '선소인후군자(先小人, 后君子 xiān xiǎorén, hòu jūnzǐ 협상을 할 때는 한 치의 양보도 없이 엄격히 요구하지만 결정된 후에는 충실히 약속을 지킨다)'의 태도로 밀고 나가자. 결국 중요한 것은 협상에서 이기는 것이니 말이다.

这条裤子打几折?
Zhè tiáo kùzi dǎ jǐ zhé?
이 바지는 몇 퍼센트 할인하나요?

쇼핑

상황1 흥정하기
상황2 지불하기
상황3 쇼핑하기

— 할인 표현법 | 동격어(同位词语) | 조동사 要

대학 시절 처음 중국에 갔다가
'打8折'란 표시를 보고서는 80% 할인하는 줄 알고,
물건을 한 바구니 담았다가 내려놓았던 기억이 난다.
그러고는 할인에도 '꺾은 나이'를 적용한다고 울컥했었다.
지금 생각하니 그 또한 재미난 추억이다.

Track 135

핵심구문 ❶
这条裤子打几折?
이 바지는 몇 퍼센트 할인하나요?

핵심구문 ❷
您要刷卡还是付现金?
카드로 결제하시겠어요, 현금으로 지불하시겠어요?

핵심구문 ❸
我想给她送一条围巾。
그녀에게 스카프를 하나 선물하려고요.

맛있는 단어

Track 136

- [ ] 条　tiáo　〈양〉 가늘고 긴 사물을 세는 단위
- [ ] 裤子　kùzi　〈명〉 바지
- [ ] 打折　dǎzhé　〈동〉 이합 할인하다
  　　打8折 dǎ bā zhé 20% 할인하다
- [ ] 先生　xiānsheng　〈명〉 선생 *성인 남자에 대한 존칭
- [ ] 要　yào　〈조동〉 ～하려고 하다 〈동〉 필요하다
- [ ] 刷卡　shuā kǎ　〈동〉 신용 카드로 결제하다
- [ ] 付　fù　〈동〉 지불하다
- [ ] 现金　xiànjīn　〈명〉 현금
  　　信用卡 xìnyòngkǎ 신용 카드
- [ ] 买　mǎi　〈동〉 사다
  　　卖 mài 팔다
- [ ] 东西　dōngxi　〈명〉 물건, 것
- [ ] 百货商店　bǎihuò shāngdiàn　〈명〉 백화점
- [ ] 呀　ya　〈조〉 啊와 같음 *앞 음절의 모음이 a, e, i, o, ü로 끝날 때 啊를 呀로 발음함
- [ ] 后天　hòutiān　〈명〉 모레
  　　前天 qiántiān 그저께 ｜ 今天 jīntiān 오늘 ｜ 明天 míngtiān 내일
- [ ] 妈妈　māma　〈명〉 엄마, 어머니
  　　爸爸 bàba 아빠, 아버지
- [ ] 生日　shēngrì　〈명〉 생일
- [ ] 她　tā　〈대〉 그녀
- [ ] 送　sòng　〈동〉 보내다, 선물하다
- [ ] 围巾　wéijīn　〈명〉 목도리, 스카프
- [ ] 天国百货　Tiānguó Bǎihuò　〈고유〉 천국백화점

16과 这条裤子打几折? • 177

Biz 맛있는 회화

상황 1 흥정하기 　Track 137

金成功　这条裤子打几折?
　　　　Zhè tiáo kùzi dǎ jǐ zhé?

售货员　7折。❶
　　　　Qī zhé.

상황 2 지불하기 　Track 138

售货员　先生，您❷要❸刷卡还是付现金?
　　　　Xiānsheng, nín yào shuā kǎ háishi fù xiànjīn?

金成功　现金。
　　　　Xiànjīn.

+ **先生**
先生은 일반적인 남성을 가리키는 단어입니다. 교직에 종사하는 선생님은 老师(lǎoshī)라고 합니다. 단, 때에 따라서 老师는 사무직에 종사하는 사람에게 쓰기도 합니다.

| Dialogue

상황 3 쇼핑하기　Track 139

金成功　你平时去哪儿买东西?
　　　　Nǐ píngshí qù nǎr mǎi dōngxi?

高笑美　我去百货商店买。你想买东西呀?
　　　　Wǒ qù bǎihuò shāngdiàn mǎi. Nǐ xiǎng mǎi dōngxi ya?

金成功　后天是我妈妈的生日，我想给她送一条围巾。
　　　　Hòutiān shì wǒ māma de shēngrì, wǒ xiǎng gěi tā sòng yì tiáo wéijīn.

高笑美　那你去"天国百货"吧，那儿现在打折。
　　　　Nà nǐ qù "Tiānguó Bǎihuò" ba, nàr xiànzài dǎzhé.

金成功　是吗? 我今天就去看看。
　　　　Shì ma? Wǒ jīntiān jiù qù kànkan.

맛있는 어법 | Grammar

❶ 할인 표현법

할인을 나타낼 때는 이합사 打折(dǎzhé)를 씁니다.

打7折 dǎ qī zhé 30% 할인   打对折 dǎ duì zhé 50% 할인

❷ 동격어(同位词语)

문장에서 같은 자격을 가지는 단어나 구를 동격어라고 합니다. 주로 주어에 많이 쓰입니다.

先生，您要刷卡吗? 손님께서는 카드로 결제하실 건가요? (先生과 您이 동격)
Xiānsheng, nín yào shuā kǎ ma?

金代理他们都去中国。 김 대리네는 다 중국에 가요. (金代理와 他们이 동격)
Jīn dàilǐ tāmen dōu qù Zhōngguó.

주의 金代理他们이라고 말할 때는 김 대리와 같이 있는 사람들이나, 같이 다니는 사람들을 뜻합니다.

❸ 조동사 要

要는 의지 또는 당위성을 나타냅니다. 부정형은 不想(bù xiǎng ~하고 싶지 않다)이나 不用(búyòng ~할 필요 없다)을 씁니다.

我要去中国找工作。 나는 중국에 가서 직장을 구할 거예요.
Wǒ yào qù Zhōngguó zhǎo gōngzuò.

你要认真工作。 자넨 열심히 일해야 하네.
Nǐ yào rènzhēn gōngzuò.

我不想去中国找工作。 나는 중국에 가서 직장을 구하고 싶지 않아요.
Wǒ bù xiǎng qù Zhōngguó zhǎo gōngzuò.

你不用认真工作。 자넨 열심히 일할 필요 없네.
Nǐ búyòng rènzhēn gōngzuò.

주의 不要는 要의 부정형이 아니라, 别(bié ~하지 마라)와 같은 뜻으로 '금지'를 나타냅니다.

你不要在这儿抽烟! 여기서 담배 피우지 마세요!
Nǐ búyào zài zhèr chōuyān!

* 找 zhǎo 동 찾다
* 认真 rènzhēn 형 착실하다, 진지하다
* 抽烟 chōuyān 동 담배를 피우다

맛있는 발음

| Pronunciation

○ z와 zh, c와 ch, s와 sh 발음을 연습해 보세요.   Track 140

Step 1 z, zh 연습

z
zázhì
zǔzhī
zìzhǎo

zh
zhōngzhēn
zhǔzǎi
zhuōzi

Step 2 c, ch 연습

c
cùchéng
cuīchǎn
cíchǎng

ch
chǎngcì
chīcù
chuāncài

Step 3 s, sh 연습

s
sīshú
suànshù
suíshí

sh
shuōsǐ
shūsàn
shìsú

연습 문제

1 녹음을 잘 듣고 다음 내용에 맞는 그림을 고르세요. Track 141

A

B

C

D

❶ 这条裤子打7折。　　　　　　　　　　　　（　　　）

❷ 我要付现金。　　　　　　　　　　　　　　（　　　）

❸ 我想给她送一条围巾。　　　　　　　　　　（　　　）

2 녹음을 잘 듣고 한어병음에 맞는 한자를 쓰세요. Track 142

❶ | dǎzhé | xiànjīn | kùzi | shēngrì |
|---|---|---|---|
| | | | |

❷ | yào shuā kǎ | bǎihuò shāngdiàn | mǎi dōngxi |
|---|---|---|
| | | |

| Exercise

3 서로 어울리는 대화끼리 연결하세요.

❶ 您要刷卡还是付现金?　•　　　•　A 打8折。

❷ 这条裤子打几折?　•　　　•　B 我要刷卡。

❸ 后天是谁的生日?　•　　　•　C 我去百货商店买。

❹ 你平时去哪儿买东西?　•　　　•　D 我妈妈的生日。

4 다음을 중국어로 써 보세요.

❶ 이 바지는 할인하나요?

➡ _____

❷ 내일은 우리 엄마 생신이에요.

➡ _____

❸ 그에게 목도리를 하나 선물하고 싶어요.

➡ _____

❹ 제가 오늘 바로 가 볼게요.

➡ _____

플러스 표현

- 물건 사기

☐ 这个好看，我要蓝色的。
Zhège hǎokàn, wǒ yào lánsè de.
이게 예쁘네요, 파란색으로 할게요.

☐ 这个太贵了，能不能便宜一点儿？
Zhège tài guì le, néng bu néng piányi yìdiǎnr?
이거 너무 비싸요, 깎아 주실 수 있어요?

▲ 这个太贵了，能不能便宜一点儿？

☐ 这是昨天买的，可以换别的吗？
Zhè shì zuótiān mǎi de, kěyǐ huàn biéde ma?
이거 어제 산 건데, 다른 것으로 바꿀 수 있을까요?

☐ 这件有点儿小，给我换大一号的。
Zhè jiàn yǒudiǎnr xiǎo, gěi wǒ huàn dà yí hào de.
이 옷이 좀 작네요, 한 사이즈 큰 걸로 바꿔 주세요.

☐ 这条裙子打不打折？
Zhè tiáo qúnzi dǎ bu dǎzhé?
이 치마는 할인해요?

▲ 买一送一。

☐ 什么时候再进新货啊？
Shénme shíhou zài jìn xīnhuò a?
새 상품은 언제 다시 들어오죠?

☐ 那我不买了。그럼 안 살래요.
Nà wǒ bù mǎi le.

☐ 买一送一。원 플러스 원.
Mǎi yī sòng yī.

☐ 小姐，我要退货。아가씨, 반품하려고 하는데요.
Xiǎojiě, wǒ yào tuìhuò.

☐ 一分钱一分货。싼 게 비지떡.
Yì fēn qián yì fēn huò.

我正想吃中国菜呢。
Wǒ zhèng xiǎng chī Zhōngguó cài ne.
저는 마침 중국 음식이 먹고 싶었어요.

- 상황 1 　회식 시간 잡기
- 상황 2 　식당 가기
- 상황 3 　음식 정하기

― 동사 觉得 | 의문사 什么时候 |
　 연동문(2)

부서 회식을 한단다. 요일은 부담이 적은 금요일이 좋겠지. 음식을 정하는 데 의견이 분분하다. 아무래도 우리가 중국 관련 업무를 하니까 중국 문화도 이해할 겸 중국 음식이 좋겠다고 내가 떼를 쓰며 졸랐다. 무엇을 먹을지는 커밍쑤운~~

Track 143

핵심구문 ①
你们觉得什么时候聚餐，好呢?
언제 회식하는 게 좋을 것 같나요?

핵심구문 ②
先生，您几位?
손님, 몇 분이시죠?

핵심구문 ③
我们吃火锅，怎么样?
우리 샤브샤브 먹어요. 어때요?

Biz 맛있는 단어

- 觉得 juéde 동 ~라고 느끼다
- 什么时候 shénme shíhou 대 언제
- 聚餐 jùcān 동 이합 회식하다
- 星期五 xīngqīwǔ 명 금요일
- 欢迎光临 huānyíng guānglín 어서 오세요
- 这次 zhècì 명 이번
  上次 shàngcì 지난번 | 下次 xiàcì 이번
- 大家 dàjiā 대 여러분
- 菜 cài 명 음식
- 火锅 huǒguō 명 샤브샤브, 훠궈
- 太……了 tài……le 너무 ~하다
  很 hěn 아주 | 非常 fēicháng 대단히 | 挺 tǐng 대단히 | 真 zhēn 정말로
- 正 zhèng 부 마침, 딱
- 中国菜 Zhōngguó cài 중국 음식
  韩国菜 Hánguó cài 한국 음식 | 日本料理 Rìběn liàolǐ 일본 요리 | 西餐 xīcān 양식
- 订座 dìngzuò 동 자리를 예약하다
- 服务员 fúwùyuán 명 종업원

17과 我正想吃中国菜呢。 • 187

맛있는 회화

상황 1 회식 시간 잡기 [Track 145]

韩 新 你们觉得❶什么时候❷聚餐，好呢?
Nǐmen juéde shénme shíhou jùcān, hǎo ne?

金成功 我觉得星期五好。
Wǒ juéde xīngqīwǔ hǎo.

상황 2 식당 가기 [Track 146]

服务员 欢迎光临! 先生，您几位?
Huānyíng guānglín! Xiānsheng, nín jǐ wèi?

金成功 我们六位。
Wǒmen liù wèi.

 **Tip**

+ 正……呢
부사 正은 조사 呢와 호응해 '마침 ~하는 중이다'라는 뜻을 나타냅니다.

我正想吃火锅呢。 나는 마침 샤브샤브가 먹고 싶었어요.
Wǒ zhèng xiǎng chī huǒguō ne.

我正想去找你呢。 마침 자네를 찾아가려던 참이었어.
Wǒ zhèng xiǎng qù zhǎo nǐ ne.

| Dialogue

상황 3 음식 정하기 Track 147

韩 新 这次聚餐大家都想吃什么菜?
Zhècì jùcān dàjiā dōu xiǎng chī shénme cài?

高笑美 我们吃火锅, 怎么样?
Wǒmen chī huǒguō, zěnmeyàng?

金成功 太好了, 我正想吃中国菜呢。
Tài hǎo le, wǒ zhèng xiǎng chī Zhōngguó cài ne.

韩 新 小高, 那你打电话订座吧。❸
Xiǎo Gāo, nà nǐ dǎ diànhuà dìngzuò ba.

高笑美 好的。
Hǎo de.

Biz 맛있는 어법

| Grammar

❶ 동사 觉得

觉得는 주관적인 느낌이나 사람 또는 사물에 대한 생각을 나타내는 동사입니다.

我**觉得**贵公司的产品很好。 저는 귀사의 제품이 좋다고 생각합니다.
Wǒ juéde guì gōngsī de chǎnpǐn hěn hǎo.

他们**觉得**这件衣服非常贵。 그들은 이 옷이 아주 비싸다고 느꼈습니다.
Tāmen juéde zhè jiàn yīfu fēicháng guì.

我们**觉得**星期五聚餐好。 우리는 금요일에 회식하는 게 좋을 것 같아요.
Wǒmen juéde xīngqīwǔ jùcān hǎo.

* 产品 chǎnpǐn 명 제품

❷ 의문사 什么时候

시간을 물을 때는 의문사 什么时候를 씁니다.

你们**什么时候**回公司？ 자네들 언제 회사로 돌아오나?
Nǐmen shénme shíhou huí gōngsī?

张总他们**什么时候**到这儿？ 장 사장님네는 언제 여기에 도착하시나요?
Zhāng zǒng tāmen shénme shíhou dào zhèr?

他们**什么时候**出发？ 저들은 언제 출발하나요?
Tāmen shénme shíhou chūfā?

* 到 dào 동 도착하다

❸ 연동문(2) ➡ 방식형 연동문

첫 번째 동사가 두 번째 동사의 수단이나 방식을 나타내는 연동문을 말합니다.

我**用**钢笔**写字**。 나는 만년필로 글씨를 씁니다.
Wǒ yòng gāngbǐ xiě zì.

他**坐**飞机**去**上海。 그는 비행기를 타고 상하이에 갑니다.
Tā zuò fēijī qù Shànghǎi.

你**打**电话**订座**吧。 전화해서 좌석을 예약하세요.
Nǐ dǎ diànhuà dìngzuò ba.

* 用 yòng 동 쓰다, 사용하다
* 钢笔 gāngbǐ 명 펜, 만년필
* 写字 xiě zì 동 글씨를 쓰다
* 坐 zuò 동 앉다
* 飞机 fēijī 명 비행기
* 上海 Shànghǎi 고유 상하이

맛있는 발음

| Pronunciation

➡ 儿化를 연습해 보세요.   Track 148

i 탈락

一块儿 함께
yíkuài r

小孩儿 어린아이
xiǎohái r

盖儿 뚜껑
gài r

n 탈락

后跟儿 뒤꿈치
hòugēn r

一点儿 조금
yìdiǎn r

小盘儿 작은 쟁반
xiǎopán r

ng 탈락

空儿 겨를, 틈
kòng r

眼镜儿 안경
yǎnjing r

电影儿 영화
diànyǐng r

r 추가

没法儿 방법이 없다
méifǎ r

花儿 꽃
huā r

唱歌儿 노래를 부르다
chànggē r

➕ **儿化란?**
중국어에서 보이는 특수한 현상으로, 특정 명사 뒤에 儿(ér)을 붙여 귀엽고 친근하거나, 작고 가벼운 성질이나 태도를 표현하는 것을 말합니다. 儿을 붙였을 때 원래의 발음에 변화가 생기는 것에 주의하세요.

17과 我正想吃中国菜呢。• 191

연습 문제

1 녹음을 잘 듣고 다음 내용에 맞는 그림을 고르세요. Track 149

A

B

C

D

❶ 我觉得星期五聚餐好。　　　　　　　　　　(　　　)

❷ 我们六位。　　　　　　　　　　　　　　　(　　　)

❸ 我正想吃中国菜呢。　　　　　　　　　　　(　　　)

2 녹음을 잘 듣고 한어병음에 맞는 한자를 쓰세요. Track 150

❶
xiānsheng	dàjiā	dìngzuò	hǎo de

❷
huānyíng guānglín	wǒmen chī huǒguō	dǎ diànhuà

3 서로 어울리는 대화끼리 연결하세요.

❶ 大家都想吃什么菜?　　•　　　　•　A 我们想吃中国菜。

❷ 什么时候聚餐，好呢?　•　　　　•　B 六位。

❸ 你们几位?　　　　　　•　　　　•　C 好的。

❹ 你打电话订座吧。　　•　　　　•　D 我觉得星期三好。

4 다음을 중국어로 써 보세요.

❶ 어서 오세요. 아가씨, 몇 분이신가요?

　➡ _____

❷ 나는 마침 샤브샤브가 먹고 싶었어요.

　➡ _____

❸ 김 대리님, 우리 언제 회식해요?

　➡ _____

❹ 제가 보기에는 월요일이 좋겠어요.

　➡ _____

Biz 플러스 단어

• 식당

餐厅 cāntīng | 饭馆 fànguǎn 식당
服务员 fúwùyuán 종업원
预订 yùdìng 예약하다
点菜 diǎn cài 주문하다

▲ 点菜

▲ 菜单

菜单 càidān 메뉴판
上菜 shàngcài 음식이 나오다
凉菜 liángcài 전채 요리
主食 zhǔshí 주식
面条 miàntiáo 국수

结账 jiézhàng | 买单 mǎidān 계산하다
AA制 AA zhì 더치페이
付款 fùkuǎn 돈을 내다
发票 fāpiào 영수증
刷卡 shuā kǎ 카드 결제하다

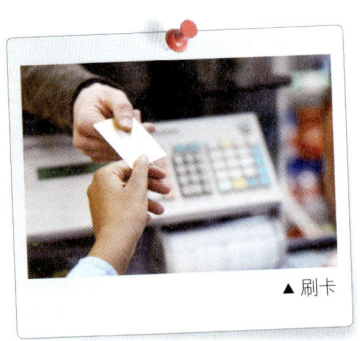
▲ 刷卡

▲ 筷子

勺子 sháozi 숟가락
筷子 kuàizi 젓가락
叉子 chāzi 포크
餐巾纸 cānjīnzhǐ 냅킨

今天喝点儿什么酒?
Jīntiān hē diǎnr shénme jiǔ?
오늘은 어떤 술을 좀 마실까요?

상황 1 차 마시기
상황 2 술 종류 묻기
상황 3 음식에 관해 대화하기

— 조동사 应该 | 구조조사 的⑵ |
부사 有点儿

아싸~ 드디어 부서 회식하는 날!

내가 좋아하는 샤브샤브와 쓰추안 요리를 먹으러 간다.

매콤한 샤브샤브와 묘한 향의 양고기,

그리고 향채를 듬뿍 얹은 소스.

생각만 해도 군침이 입안 가득 고인다~

퇴근 시간이여, 어서 오라! 오라! 오라!

 Track 151

핵심구문 ❶

夏天天气热，应该喝绿茶。

여름에는 날씨가 더우니까, 녹차를 마셔야 해요.

핵심구문 ❷

今天喝点儿什么酒?

오늘은 어떤 술을 좀 마실까요?

핵심구문 ❸

四川菜有点儿辣。

쓰추안 요리는 조금 매워요.

Biz 맛있는 단어

Track 152

- 喝 hē 동 마시다
- 茶 chá 명 차
- 热 rè 형 덥다
  - 冷 lěng 춥다
- 应该 yīnggāi 조동 마땅히 ~해야만 한다
- 绿茶 lǜchá 명 녹차
- 点儿 diǎnr 양 조금
- 酒 jiǔ 명 술
  - 白酒 báijiǔ 증류주, 백주 | 啤酒 píjiǔ 맥주 | 葡萄酒 pútaojiǔ 포도주, 와인
- 果汁 guǒzhī 명 주스
- 这里 zhèlǐ 대 여기, 이곳
  - 那里 nàlǐ 저기, 저곳, 그곳
- 好吃 hǎochī 형 맛이 좋다, 맛있다
  - 好看 hǎokàn 보기 좋다 | 好听 hǎotīng 듣기 좋다
- 不错 búcuò 형 괜찮다, 좋다
- 辣 là 형 맵다
  - 甜 tián 달다 | 苦 kǔ 쓰다 | 酸 suān 시다
- 的 de 조 ~하는 것
- 四川菜 Sìchuān cài 쓰촨 요리
- 对 duì 형 맞다
  - 错 cuò 틀리다
- 有点儿 yǒudiǎnr 부 조금

18과 今天喝点儿什么酒? • 197

맛있는 회화

상황 1 차 마시기 Track 153

金成功　夏天喝什么茶好呢?
　　　　Xiàtiān hē shénme chá hǎo ne?

高笑美　夏天天气热，应该❶喝绿茶。
　　　　Xiàtiān tiānqì rè, yīnggāi hē lǜchá.

상황 2 술 종류 묻기 Track 154

高笑美　金代理，今天喝点儿什么酒?
　　　　Jīn dàilǐ, jīntiān hē diǎnr shénme jiǔ?

金成功　今天我不喝酒，喝果汁。
　　　　Jīntiān wǒ bù hē jiǔ, hē guǒzhī.

+ **东辣西酸，南甜北咸** dōng là xī suān, nán tián běi xián
  '东辣西酸，南甜北咸(동쪽 지방은 매운 것을, 서쪽 지방은 신 것을, 남쪽 지방은 단 것을, 북쪽 지방은 짠 것을 좋아한다)'은 중국인의 음식 습관을 이야기하는 것으로, 지리적인 환경과 날씨에서 기인한다고 볼 수 있지요. 동부 지역은 연해 지역이면서 비가 많이 오기 때문에 몸의 습한 기운을 없애기 위해 매운 음식을 먹고요, 서부 지역은 고원이 많아 흙에 칼슘이 많이 섞여 있어 음식물에도 영향을 주기 때문에 몸의 칼슘 성분을 완화시키는 신 음식을 먹습니다. 남부 지역은 열대 기후에 가까워 여러 가지 단 음식물이 풍부하다 보니 자연스레 단 음식과 친해졌고, 북부 지역은 한랭한 날씨를 견디고자 염장 음식을 많이 먹다 보니 짠 음식에 익숙해진 것입니다.

| Dialogue

상황 3 음식에 관해 대화하기　Track 155

金成功　这里的菜特别好吃。部长，您觉得怎么样?
　　　　Zhèlǐ de cài tèbié hǎochī. Bùzhǎng, nín juéde zěnmeyàng?

韩　新　不错。我喜欢吃辣的❷。
　　　　Búcuò. Wǒ xǐhuan chī là de.

金成功　我也喜欢吃辣的。
　　　　Wǒ yě xǐhuan chī là de.

韩　新　小高，这些菜都是四川菜吧?
　　　　Xiǎo Gāo, zhèxiē cài dōu shì Sìchuān cài ba?

高笑美　对! 四川菜有点儿❸辣。
　　　　Duì! Sìchuān cài yǒudiǎnr là.

18과 今天喝点儿什么酒? • 199

Biz 맛있는 어법

| Grammar

❶ 조동사 应该

应该는 당위성을 나타내는 조동사입니다. 부정형은 不应该를 씁니다.

你**应该**帮她的忙。 자넨 마땅히 그녀를 도와줘야 해.
Nǐ yīnggāi bāng tā de máng.

你们是同事，你**应该**认识他吧? 자네들은 동료니까, 자네는 저 친구를 알고 있지?
Nǐmen shì tóngshì, nǐ yīnggāi rènshi tā ba?

我觉得你**不应该**这样做。 내가 보기에는 자네가 이렇게 하는 게 아니었어.
Wǒ juéde nǐ bù yīnggāi zhèyàng zuò.

* 帮忙 bāngmáng 통 일(손)을 돕다
* 认识 rènshi 통 알다
* 这样 zhèyàng 대 이렇게

❷ 구조조사 的(2) ➡ 명사화 용법

구조조사 的는 사물을 '명사'화시키거나 사물의 '성질'을 나타냅니다.

这是我**的**。 이것은 내 거예요.
Zhè shì wǒ de.

我喜欢吃甜**的**。 나는 단 것을 좋아해요.
Wǒ xǐhuan chī tián de.

那是木头**的**。 그건 나무로 되어 있어요.
Nà shì mùtou de.

* 木头 mùtou 명 나무

❸ 부사 有点儿

有点儿은 '약간, 조금'의 뜻으로, 사람이나 사물이 다소 맘에 안 들거나 불만스러울 때 씁니다.

今天**有点儿**热。 오늘은 좀 덥군요.
Jīntiān yǒudiǎnr rè.

这个菜**有点儿**辣。 이 요리가 좀 맵네요.
Zhège cài yǒudiǎnr là.

주의 一点儿(yìdiǎnr)은 부정양사로 '조금, 약간'의 뜻을 나타내며, 명사 앞에 위치합니다. 有点儿은 부사이기 때문에 술어 앞에 위치합니다.

我想喝**点儿**茶。 저는 차를 좀 마시고 싶어요.
Wǒ xiǎng hē diǎnr chá.

这种茶**有点儿**苦。 이 차는 조금 쓰네요.
Zhè zhǒng chá yǒudiǎnr kǔ.

* 种 zhǒng 양 종류, 가지
* 苦 kǔ 형 쓰다, 힘들다

맛있는 발음

| Pronunciation

◯ 잰말 놀이를 해 보세요.　　　　　　　　　　　Track 156

Step 1 ▶ Huà fènghuáng 画凤凰

Fěnhóng qiáng shang huà fènghuáng, 粉红墙上画凤凰,
fènghuáng huàzài fěnhóng qiáng. 凤凰画在粉红墙。
Hóng fènghuáng、fěn fènghuáng, 红凤凰、粉凤凰,
hóng fěn fènhuáng、huā fènghuáng. 红粉凤凰、花凤凰。

Step 2 ▶ Shéi yǎn yuán 谁眼圆

Shān qián yǒu ge Yán Yuányǎn, 山前有个阎圆眼,
shān hòu yǒu ge Yán Yǎnyuán, 山后有个阎眼圆,
èr rén shān qián lái bǐ yǎn, 二人山前来比眼,
bù zhī shì Yán Yuányǎn de yǎn yuán, 不知是阎圆眼的眼圆,
háishi Yán Yǎnyuán de yǎn yuán. 还是阎眼圆的眼圆。

Step 3 ▶ Zhāi shìzi 摘柿子

Sì ge háizi zhāi shìzi, 四个孩子摘柿子,
lǎodà zhāi le sì ge shí, 老大摘了四个十,
lǎo'èr zhāi le shísì ge, 老二摘了十四个,
lǎosān zhāi le sìshí ge, 老三摘了四十个,
lǎosì zhāi le shísì yòu sìshí. 老四摘了十四又四十。

18과 今天喝点儿什么酒? • 201

연습 문제

1 녹음을 잘 듣고 다음 내용에 맞는 그림을 고르세요. Track 157

A B C D

❶ 夏天应该喝绿茶。　　　　　　　　　　　（　　　）

❷ 今天我不喝酒，喝果汁。　　　　　　　　（　　　）

❸ 我喜欢吃辣的。　　　　　　　　　　　　（　　　）

2 녹음을 잘 듣고 한어병음에 맞는 한자를 쓰세요. Track 158

❶ búcuò　　　tèbié　　　hǎochī　　　yǒudiǎnr là

❷ nǐ juéde zěnmeyàng?　　　zhèxiē cài shì Sìchuān cài

3 서로 어울리는 대화끼리 연결하세요.

❶ 夏天喝什么茶好呢?　·　　　　　　·　A　有点儿辣。

❷ 你喝点儿什么酒?　·　　　　　　·　B　我喝葡萄酒。

❸ 这里的菜好吃吗?　·　　　　　　·　C　喝绿茶好。

❹ 四川菜辣吗?　·　　　　　　·　D　很好吃。

4 다음을 중국어로 써 보세요.

❶ 여름에는 날씨가 더워서, 녹차를 마셔야 해요.

➡ _____

❷ 저는 술을 안 마셔요, 물 마실게요.

➡ _____

❸ 이곳의 음식은 특별히 맛있네요.

➡ _____

❹ 쓰촨 요리는 조금 매운데요, 저는 쓰촨 요리를 좋아해요.

➡ _____

문화 속으로

• 음식 천국 '중국'

'음식 문화' 하면 절대 빼놓을 수 없는 나라 중국. 맛이면 맛, 종류면 종류, 가히 '음식 천국'이라 할 만하다. 중국에 가 보면 넘쳐 나는 요리를 골라 먹는 재미에 눈, 코, 입이 모두 즐겁다. 혹자는 '중국 요리는 느끼해서 먹기 힘들다'라고 말하며 굳이 고추장을 찾기도 하는데, 중국 요리가 느끼하게 느껴지는 것은 요리의 기본이 볶기(炒 chǎo)다 보니 아무래도 기름이 많이 들어가기 때문일 것이다. 그렇다고 모든 음식이 다 느끼한 것은 아니고, 기름이 들어가면서도 담백한 맛이 나는 요리도 많다.

▲ 한국인 입맛에 잘 맞는 쓰촨 요리

그렇다면 그 수많은 요리 중에서 가장 알아주는 요리에는 어떤 것이 있을까? 중국 요리 중에는 정통성을 띠고 있는 8대 요리가 있는데, 이들이 중국 요리를 대표한다. 8대 요리에는 광동 요리(粤菜 Yuècài), 쓰촨 요리(川菜 Chuāncài), 산동 요리(鲁菜 Lǔcài), 장쑤 요리(苏菜 Sūcài), 저지앙 요리(浙菜 Zhècài), 푸지엔 요리(闽菜 Mǐncài), 후난 요리(湘菜 Xiāngcài), 안후이 요리(徽菜 Huīcài, 皖菜 Wǎncài)가 있고, 그중 우리 입맛에 잘 맞는 요리를 꼽아 보라면 광동 요리, 쓰촨 요리, 산동 요리를 들 수 있다. 이 밖에 8대 요리에 들

▲ 중국 음식과 궁합이 좋은 차

지는 않지만, 동베이 요리(东北菜 Dōngběicài)나 베이징 요리(京菜 Jīngcài), 상하이 요리(上海本帮菜 Shànghǎi běnbāngcài) 등도 인기가 많다.

중국 음식은 차(茶)와 최고의 궁합을 보이는데, 중국인들이 식사를 하며 차를 마시는 이유는 기름이 많이 들어간 음식을 먹으면 몸이 산성화될 수 있기 때문에, 이를 막고자 알칼리성인 차를 마시는 것이다. 차는 연장자부터 나이가 어린 순으로, 여성에서 남성 순으로 따르는 것이 예의다. 그리고 상대방이 자신의 찻잔에 차를 따라 주면 엄지와 검지 손가락으로 탁자를 두 번 정도 '탁탁' 쳐 감사를 표한다.

부록

⊙ 정답 및 해석

⊙ 찾아보기

⊙ 중국어 음절 결합표

정답 및 해석

01과 你好!
안녕하세요!

맛있는 Biz 회화 |해석|

상황 1
金成功 안녕하십니까!
高笑美 안녕하세요!

상황 2
金成功 오랜만입니다.
高笑美 오랜만이네요.

상황 3
金成功 고맙습니다.
高笑美 별말씀을요.

상황 4
金成功 죄송합니다.
高笑美 괜찮아요.

Biz 연습 문제 |정답|

1 ①B ②C ③A
2 ①你│不│见│你好
　②不客气│好久不见│没关系
3 ①C ②D ③A ④B
4 ①谢谢!　②好久不见!
　③对不起.　④没关系.

02과 再见!
안녕히 가세요!

맛있는 Biz 회화 |해석|

상황 1
金成功 좋은 아침입니다.
高笑美 좋은 아침이에요.

상황 2
金成功 안녕히 가세요.
高笑美 안녕히 계세요.

상황 3
高笑美 축하합니다.
金成功 고마워요.

상황 4
金成功 새해 복 많이 받으세요.
高笑美 새해 복 많이 받으세요.

Biz 연습 문제 |정답|

1 ①D ②A ③B
2 ①早│再见│好│早上
　②恭喜恭喜│新年快乐
3 ①C ②D ③B ④A
4 ①新年快乐!　②再见!
　③早上好! 또는 早!
　④恭喜恭喜!

03과 我是韩国人。
저는 한국인입니다.

맛있는 Biz 회화 |해석|

상황 1
高笑美 성씨가 어떻게 되시나요?
金成功 김 씨입니다.

〈상황 2〉
高笑美 성함은 어떻게 되나요?
金成功 김성공이라고 합니다.

〈상황 3〉
高笑美 어느 나라 분이시죠?
金成功 전 한국인입니다.
高笑美 저분도 한국인인가요?
金成功 저분은 한국인이 아니라 중국인입니다.

Biz 연습 문제 | 정답

1 ① D   ② A   ③ C
2 ① 您 | 是 | 哪 | 国
   ② 贵姓 | 什么名字 | 韩国人
3 ① B   ② C   ③ D   ④ A
4 ① 我姓李。   ② 他叫什么名字?
   ③ 我叫金成功。 ④ 他也是韩国人。

04과 这是我的名片。
이것은 제 명함입니다.

맛있는 Biz 회화 | 해석

〈상황 1〉
金成功 장 사장님, 이것은 제 명함입니다.
张 明 김 대리, 여기 제 명함이에요.

〈상황 2〉
张 明 저기, 호칭을 어떻게 하면 될까요?
金成功 김 군이라 부르시면 됩니다.

〈상황 3〉
张 明 안녕하세요!

金成功 안녕하십니까!
张 明 성씨가 어떻게 되세요?
金成功 저는 김 씨입니다만, 사장님께서는요?
张 明 저는 장 씨입니다.

Biz 연습 문제 | 정답

1 ① C   ② A   ③ D
2 ① 张 | 总 | 这 | 代理
   ② 怎么 | 请问 | 我姓金
3 ① B   ② D   ③ A   ④ C
4 ① 张总，这是我的名片。
   ② 您贵姓?
   ③ 免贵姓高。
   ④ 您叫我金代理就行。

05과 他是谁?
저분은 누구시죠?

맛있는 Biz 회화 | 해석

〈상황 1〉
许代理 안녕하세요. 저는 인사부 허 대리입니다.
金成功 안녕하세요. 저는 영업부 김 대리입니다.

〈상황 2〉
高笑美 김 대리님, 이분은?
金成功 이분은 영업부 한 부장님이세요.
高笑美 저분은 누구시죠?
金成功 저분은 인사부 허 대리예요.

〈상황 3〉
金成功 미스 고, 집에 식구가 어떻게 돼요?
高笑美 우리 집은 세 식구예요.

정답 및 해석

金成功 다른 형제자매는 없고요?
高笑美 없어요. 저는 외동딸이거든요. 김 대리님은요?
金成功 저는 막내이고, 누나가 둘 있어요.

Biz 연습 문제 | 정답 |

1. ① D ② C ③ A
2. ① 位 | 谁 | 口 | 家
   ② 姐姐 | 没有 | 兄弟姐妹
3. ① D ② C ③ A ④ B
4. ① 这位是销售部韩部长。
   ② 你有兄弟姐妹吗?
   ③ 我家有两口人。
   ④ 我没有姐姐。

06과 贵公司大吗?
귀사는 큰가요?

맛있는 Biz 회화 | 해석 |

李冰冰 무슨 일을 하시나요?
金成功 저는 회사원입니다.

상황 2
李冰冰 어디에서 일하세요?
金成功 저는 의류 회사에서 일합니다. 그쪽은요?
李冰冰 저는 무역 회사에서 일해요.

상황 3
金成功 귀사는 큰가요?
客 户 우리 회사는 커요.
金成功 직원은 많나요?

客 户 많아요. 100명이에요. 귀사는요?
金成功 우리 회사의 직원은 별로 안 많아요.

Biz 연습 문제 | 정답 |

1. ① B ② C ③ A
2. ① 工作 | 在 | 公司职员
   ② 贸易 | 公司大 | 员工多
3. ① C ② A ③ D ④ B
4. ① 你做什么工作?
   ② 我在中国工作。
   ③ 我们公司很大。
   ④ 我们公司的员工不太多。

07과 我在销售部工作。
저는 영업부에서 근무합니다.

맛있는 Biz 회화 | 해석 |

상황 1
李冰冰 어느 부서에서 근무하나요?
金成功 저는 영업부에서 근무합니다.

상황 2
李冰冰 이 회사에서 어떤 업무를 맡고 계신가요?
金成功 저는 해외 영업을 담당하고 있습니다.

상황 3
金成功 귀사는 임금이 높은가요?
客 户 저희 회사는 임금이 그리 높지 않습니다.
金成功 그럼, 보너스는 있나요?
客 户 있어요. 1년에 4번 지급합니다.

Biz 연습 문제 |정답|

1. ① A ② B ③ D
2. ① 部门 | 工资 | 高 | 年
   ② 发奖金 | 四次 | 负责
3. ① C ② D ③ A ④ B
4. ① 我在销售部工作。
   ② 你在这个公司负责什么工作?
   ③ 我们公司工资不太高。
   ④ 贵公司发奖金吗?

08과 我九点上班。
저는 9시에 출근합니다.

맛있는 Biz 회화 |해석|

상황 1
客 户 김 대리님은 일주일에 며칠 출근해요?
金成功 저는 일주일에 5일 출근해요.

상황 2
客 户 몇 시에 출근하세요?
金成功 9시에 출근합니다.
客 户 자주 야근을 하시나요?
金成功 네, 자주 야근해요.

상황 3
客 户 몇 시에 점심을 드세요?
金成功 저는 12시에 점심을 먹어요.
客 户 어디서 드시는데요?
金成功 저는 직원 식당에서 먹습니다.

Biz 연습 문제 |정답|

1. ① B ② A ③ D
2. ① 周 | 常常 | 加班 | 中午
   ② 几点 | 上班 | 在食堂吃饭
3. ① D ② C ③ A ④ B
4. ① 我常常加班。
   ② 我一点吃午饭。
   ③ 你在哪儿吃晚饭?
   ④ 你上几天班?

09과 今天六月四号。
오늘은 6월 4일입니다.

맛있는 Biz 회화 |해석|

상황 1
高笑美 올해가 몇 년이죠?
金成功 올해는 2013년이에요.

상황 2
高笑美 오늘이 몇 월 며칠이죠?
金成功 오늘은 6월 4일이에요.
高笑美 무슨 요일이에요?
金成功 화요일이에요.

상황 3
金成功 오늘 밤에 시간 있어요?
同 事 오늘 밤에는 시간이 안 되는데요, 내일은 괜찮아요.
金成功 그럼 내일 만나는 거 어때요?
同 事 좋아요. 몇 시예요?
金成功 저녁 7시요.

Biz 연습 문제 |정답|

1. ① A ② B ③ C

정답 및 해석

2 ① 星期 | 明天 | 晚上 | 时间
② 见面 | 三点 | 怎么样
3 ① D ② C ③ A ④ B
4 ① 明年是2014年。
② 后天是十月一号。
③ 今天是星期天。
④ 明天我有时间。

2 ① 天气 | 春节 | 劳动节 | 国庆节
② 公休日 | 冬天 | 季节 | 喜欢
3 ① C ② A ③ D ④ B
4 ① 中国有哪些公休日？
② 你喜欢夏天还是冬天？
③ 明天是中秋节。
④ 你为什么喜欢秋天？

10과 我喜欢夏天。
저는 여름을 좋아해요.

맛있는 Biz 회화 |해석|

상황 1
高笑美 김 대리님, 오늘 날씨가 어때요?
金成功 오늘 날씨가 좋은데요.

상황 2
金成功 중국에는 어떤 공휴일이 있나요?
高笑美 원단, 설, 청명(절), 국제노동절, 단오, 추석, 건국기념일이 있어요.

상황 3
金成功 미스 고는 가을이 좋아요, 겨울이 좋아요?
高笑美 저는 가을이 좋아요.
金成功 왜요?
高笑美 가을은 단풍이 예쁘잖아요. 대리님은 무슨 계절을 좋아해요?
金成功 저는 여름을 좋아해요.

Biz 연습 문제 |정답|

1 ① D ② B ③ A

11과 你的爱好是什么？
당신 취미는 뭐예요?

맛있는 Biz 회화 |해석|

상황 1
高笑美 김 대리님은 어떤 운동을 좋아해요?
金成功 저는 수영을 좋아해요, 수영할 줄 알아요?
高笑美 저는 수영을 못해요. 물을 무서워하거든요.

상황 2
金成功 요즘 뭘 배워요?
高笑美 요즘 그림을 배우는데요, 그림 그리는 것은 재미있어요.

상황 3
高笑美 김 대리님, 대리님 취미는 뭐예요?
金成功 취미가 많은데, 영화 보기, 댄스, 또 여행도 있고요.
高笑美 춤을 추실 수 있다고요? 춤 배우는 거 안 어려워요?
金成功 안 어려워요. 미스 고는 어떤 취미를 갖고 있어요?

高笑美 저는 등산을 가장 좋아하는데요, 한 달에 한 번씩 등산을 가요.

Biz 연습 문제 |정답|

1. ① C ② A ③ B
2. ① 运动 | 爬山 | 跳舞 | 旅游
   ② 很有意思 | 看电影 | 我的爱好很多
3. ① D ② A ③ C ④ B
4. ① 你的爱好是什么?
   ② 画画很有意思。
   ③ 你喜欢做运动吗?
   ④ 我喜欢爬山。

12과 我想去旅游。
저는 여행을 가고 싶어요.

맛있는 Biz 회화 |해석|

상황 1
高笑美 대리님은 평소 퇴근 후에 뭐하세요?
金成功 저는 집에 가서 쉬어요, 미스 고는요?
高笑美 저는 친구들이랑 같이 밥 먹고 이야기하는 걸 좋아해요.

상황 2
高笑美 이번 주말에 뭘 하실 생각이세요?
金成功 고향에 갈 생각이에요.

상황 3
高笑美 이번 여름휴가 때 뭘 하실 생각이세요?
金成功 여행을 가려고 해요.
高笑美 어디로 가시려고요?
金成功 제주도에 갈까 해요.

Biz 연습 문제 |정답|

1. ① A ② D ③ B
2. ① 下班 | 平时 | 聊天 | 周末
   ② 回老家 | 暑假 | 你想做什么?
3. ① B ② C ③ D ④ A
4. ① 我回家休息。
   ② 周末你想去哪儿?
   ③ 这个暑假我想去中国。
   ④ 我喜欢跟朋友们一起聊天。

13과 人事部在二楼。
인사부는 2층에 있어요.

맛있는 Biz 회화 |해석|

상황 1
高笑美 미스 고, 복사기는 어디에 있죠?
金成功 복사기는 캐비닛 오른쪽에 있어요.

상황 2
客户 말씀 좀 여쭐게요. 인사부는 어디에 있나요?
金成功 인사부는 2층에 있습니다.

상황 3
客户 저기요, 김성공 대리님은 어디에 계신가요?
高笑美 저기 계세요.
客户 죄송한데요. 어디에 계시다고요?
高笑美 바로 창문 앞에 계신 저분이요.
客户 아! 저기요. 고맙습니다.
高笑美 별말씀을요.

정답 및 해석

Biz 연습 문제 |정답|
1. ① C ② B ③ A
2. ① 哪儿 | 就 | 啊 | 那儿
   ② 复印机 | 在那边 | 不谢 | 右边
3. ① C ② D ③ A ④ B
4. ① 复印机在文件柜左边。
   ② 人事部在二楼吗?
   ③ 金代理在那边。
   ④ 啊, 在那边。谢谢!

Biz 연습 문제 |정답|
1. ① C ② A ③ B
2. ① 从 | 到 | 离 | 近
   ② 很远 | 地铁站 | 我想去
3. ① B ② D ③ A ④ C
4. ① 从这儿到贵公司远吗?
   ② 我们公司离地铁站很近。
   ③ 今天下午我想去贵公司。
   ④ 今天上午我在公司。

14과 从这儿到公司近吗?
여기에서 회사까지 가까운가요?

맛있는 Biz 회화 |해석|

상황 1
客户: 여기에서 귀사까지 가까워요?
金成功: 가깝습니다.

상황 2
客户: 귀사에는 직원 휴게실이 있나요?
金成功: 저희 회사에는 직원 휴게실이 하나 있습니다.

상황 3
客户: 김 대리님, 오늘 오후에 그쪽 회사에 갔으면 하는데, 계신가요?
金成功: 회사에 있습니다. 오세요.
客户: 귀사는 지하철역에서 먼가요?
金成功: 안 멀어요. 지하철역에 내리시면 전화 주세요.
客户: 그럴게요.

15과 苹果多少钱一斤?
사과 한 근에 얼마예요?

맛있는 Biz 회화 |해석|

상황 1
金成功: 아가씨, 여기 복사 용지 있나요?
售货员: 네. 손님 3층 문구 코너에 가 보세요.

상황 2
金成功: 아가씨, 이 옷 입어 봐도 되나요?
售货员: 그럼요, 저쪽에 탈의실이 있습니다.

상황 3
金成功: 아주머니, 사과 한 근에 얼마예요?
售货员: 사과는 한 근에 3.5위엔이고요, 10위엔에 3근이에요.
金成功: 그럼 망고는 어떻게 하는데요?
售货员: 한 근에 8위엔요. 망고가 아주 달아요, 맛 좀 보세요.
金成功: 아! 정말 다네요.

Biz 연습 문제 |정답|

1. ① C　② D　③ B
2. ① 衣服 | 当然 | 钱 | 斤
   ② 可以试试 | 怎么卖? | 真的很甜
3. ① C　② D　③ B　④ A
4. ① 复印纸在三楼文具区。
   ② 芒果多少钱一斤?
   ③ 苹果很甜。来，尝尝!
   ④ 那件衣服可以试试吗?

Biz 연습 문제 |정답|

1. ① A　② C　③ D
2. ① 打折 | 现金 | 裤子 | 生日
   ② 要刷卡 | 百货商店 | 买东西
3. ① B　② A　③ D　④ C
4. ① 这条裤子打折吗?
   ② 明天是我妈妈的生日。
   ③ 我想给他送一条围巾。
   ④ 我今天就去看看。

16과 这条裤子打几折?
이 바지는 몇 퍼센트 할인하나요?

맛있는 Biz 회화 |해석|

상황 1
金成功　이 바지는 몇 퍼센트 할인하나요?
售货员　30%요.

상황 2
售货员　손님, 카드로 결제하시겠어요, 현금으로 지불하시겠어요?
金成功　현금으로 할게요.

상황 3
金成功　평소에 어디로 쇼핑을 가요?
高笑美　저는 백화점에 가서 사요. 뭐 사시려고요?
金成功　모레가 어머니 생신이라, 어머니께 스카프를 하나 선물해 드리려고요.
高笑美　그럼 천국백화점에 가 보세요, 거기 요즘 세일해요.
金成功　그래요? 오늘 가 봐야겠네요.

17과 我正想吃中国菜呢。
저는 마침 중국 음식이 먹고 싶었어요.

맛있는 Biz 회화 |해석|

상황 1
韩新　자네들은 언제 회식하는 게 좋을 것 같나?
金成功　저는 금요일이 좋을 것 같은데요.

상황 2
服务员　어서 오세요! 손님, 몇 분이시죠?
金成功　6명입니다.

상황 3
韩新　이번 회식은 다들 뭘 먹고 싶은가?
高笑美　샤브샤브로 해요, 어때요?
金成功　아주 좋은데요, 제가 마침 중국 음식이 먹고 싶었거든요.
韩新　미스 고, 그럼 전화로 예약하게.
高笑美　알겠습니다.

정답 및 해석

Biz 연습 문제 |정답|

1. ① D ② C ③ B
2. ① 先生 | 大家 | 订座 | 好的
   ② 欢迎光临 | 我们吃火锅 | 打电话
3. ① A ② D ③ B ④ C
4. ① 欢迎光临，小姐，您几位？
   ② 我正想吃火锅呢。
   ③ 金代理，我们什么时候聚餐？
   ④ 我觉得星期一好。

Biz 연습 문제 |정답|

1. ① B ② C ③ D
2. ① 不错 | 特别 | 好吃 | 有点儿辣
   ② 你觉得怎么样？| 这些菜是四川菜
3. ① C ② B ③ D ④ A
4. ① 夏天天气热，应该喝绿茶。
   ② 我不喝酒，喝水。
   ③ 这里的菜特别好吃。
   ④ 四川菜有点儿辣，我喜欢吃四川菜。

 今天喝点儿什么酒?
오늘은 어떤 술을 좀 마실까요?

맛있는 Biz 회화 |해석|

상황 1
金成功 여름에는 어떤 차를 마셔야 좋죠?
高笑美 여름에는 날씨가 더우니까, 녹차를 마셔야 해요.

상황 2
高笑美 김 대리님, 오늘 어떤 술을 좀 마실까요?
金成功 오늘은 술을 안 마시고, 주스를 마실게요.

상황 3
金成功 여기 음식이 아주 맛있는데요. 부장님은 어떠세요?
韩 新 괜찮은데. 난 매운 음식이 좋거든.
金成功 저도 매운 걸 좋아해요.
韩 新 미스 고, 이 음식들 다 쓰추안 요리지?
高笑美 네. 쓰추안 요리는 조금 매워요.

찾아보기

A

阿姨 āyí	명 아주머니, 이모	167
啊 ā	감탄 오, 아핸, 이런	147
啊 a	조 ~인가?	67
哎 āi	감탄 어이, 야	148
爱好 àihào	명 취미	127

B

爸爸 bàba	명 아빠, 아버지	50
吧 ba	조 문장 끝에 쓰여 상의, 제의, 명령, 허가, 동의, 추측 등의 어감을 나타냄	157
百货商店 bǎihuò shāngdiàn	명 백화점	177
办公室 bàngōngshì	명 사무실	150
半 bàn	수 반, 2분의 1	100
帮忙 bāngmáng	동 일(손)을 돕다	200
本 běn	양 권	68
不 bù	부 ~가 아니다	47
不错 búcuò	형 괜찮다, 좋다	197
不客气 bú kèqi	별말씀을요	27
不太 bú tài	그리 ~하지 않다	77
不谢 búxiè	동 천만에요	147
部 bù	양 기계 또는 차량을 세는 단위	70
部门 bùmén	명 부서, 팀	87
部长 bùzhǎng	명 부장	67

C

菜 cài	명 음식	187
茶 chá	명 차	120, 197
差 chà	형 부족하다, 모자라다	100
产品 chǎnpǐn	명 제품	190
尝 cháng	동 맛보다	167
常常 chángcháng	부 자주	97
车 chē	명 자동차	60
称呼 chēnghu	명 호칭 동 ~라고 부르다	57
吃 chī	동 먹다	97
吃饭 chīfàn	동 밥을 먹다	97
抽烟 chōuyān	동 담배를 피우다	180
出差 chūchāi	동 출장 가다	130
窗户 chuānghu	명 창문	147
春节 Chūnjié	명 설	117
次 cì	양 번, 회	87
从……到…… cóng……dào……	~에서 ~까지	157

D

打 dǎ	동 때리다, (전화를) 걸다, (차를) 잡다	157
打网球 dǎ wǎngqiú	테니스를 치다	120
打折 dǎzhé	동 할인하다	177
大 dà	형 크다, (나이가) 많다	77
大家 dàjiā	대 여러분	187
代理 dàilǐ	명 대리	57
当然 dāngrán	형 당연하다	167
到 dào	동 도착하다	190
的 de	조 ~의, ~하는 것	57, 197
地铁 dìtiě	명 지하철	157
地铁站 dìtiězhàn	명 지하철역	157
点 diǎn	명 시 양 약간, 조금	97
点儿 diǎnr	양 조금	197

찾아보기

电话 diànhuà	명 전화	157
电脑 diànnǎo	명 컴퓨터	60
电影 diànyǐng	명 영화	127
订座 dìngzuò	동 자리를 예약하다	187
东西 dōngxi	명 물건, 것	177
冬天 dōngtiān	명 겨울	117
都 dōu	부 모두, 다	127
独生女 dúshēngnǚ	명 외동딸	67
端午节 Duānwǔjié	명 단오절	117
对 duì	형 맞다	197
对不起 duìbuqǐ	죄송합니다, 미안합니다	27
多 duō	형 많다	77
多少 duōshao	대 얼마	167
多少钱 duōshao qián	얼마인가요?	167

E

| 二 èr | 수 2, 둘 | 107 |
| 二楼 èr lóu | 2층 | 147 |

F

发 fā	동 지급하다	87
飞机 fēijī	명 비행기	190
非常 fēicháng	부 대단히	90
分钟 fēnzhōng	명 분	160
服务员 fúwùyuán	명 종업원	187
服装公司 fúzhuāng gōngsī	명 의류 회사	77
付 fù	동 지불하다	177
负责 fùzé	동 책임지다, 담당하다	87
附近 fùjìn	명 근처, 부근	158

| 复印机 fùyìnjī | 명 복사기 | 147 |
| 复印纸 fùyìnzhǐ | 명 복사지 | 167 |

G

干 gàn	동 하다	137
钢笔 gāngbǐ	명 펜, 만년필	190
高 gāo	형 높다, (키가) 크다	87
个 ge	양 개	67
个子 gèzi	명 키	150
给 gěi	전 ~에게 동 주다	157
跟 gēn	전 ~와	137
更衣室 gēngyīshì	명 탈의실	167
工资 gōngzī	명 급여, 임금	87
工作 gōngzuò	명 일, 업무 동 일하다	77
公司 gōngsī	명 회사	60, 77
公司职员 gōngsī zhíyuán	명 회사원	68, 77
公休日 gōngxiūrì	명 공휴일	117
恭喜 gōngxǐ	동 축하합니다	37
贵 guì	형 비싸다, 귀하다	77
贵姓 guìxìng	동 성씨가 어떻게 되십니까?	47
国 guó	명 나라	47
国家 guójiā	명 국가	60
国庆节 Guóqìngjié	명 국경절, 건국기념일	117
果汁 guǒzhī	명 주스	197

H

还 hái	부 또, 아직	127
还是 háishi	접 또는, 아니면 부 여전히	117
海外 hǎiwài	명 해외	87

韩国人 Hánguórén	명 한국인	47
汉语 Hànyǔ	명 중국어	80
好 hǎo	형 좋다	27
好吃 hǎochī	형 맛이 좋다, 맛있다	197
好的 hǎo de	좋아요, 오케이	157
好久不见 hǎo jiǔ bú jiàn	오랜만입니다	27
好看 hǎokàn	형 보기 좋다	117
号 hào	명 일	70, 107
喝 hē	동 마시다	120, 197
很 hěn	부 아주, 대단히	77
红叶 hóngyè	명 단풍	117
后 hòu	명 ~후에, 뒤	137
后天 hòutiān	명 모레	177
画 huà	명 그림 동 그리다	127
欢迎光临 huānyíng guānglín	어서 오세요	187
回 huí	동 돌아가다	137
会 huì	조동 ~할 수 있다	127
火锅 huǒguō	명 샤브샤브, 훠궈	187

J

几 jǐ	대 몇	67
季节 jìjié	명 계절	117
加班 jiābān	동 잔업하다	97
家 jiā	명 집 양 가정이나 회사 등을 세는 단위	60, 67
见面 jiànmiàn	동 만나다	107
件 jiàn	양 건, 개	167
奖金 jiǎngjīn	명 보너스	87
交货 jiāohuò	동 물품을 인도하다, 납품하다	170
叫 jiào	동 ~라고 부르다	47

姐姐 jiějie	명 언니, 누나	67
斤 jīn	양 근	167
今年 jīnnián	명 올해, 금년	107
今天 jīntiān	명 오늘	70, 107
近 jìn	형 가깝다	157
京剧 jīngjù	명 경극	140
九 jiǔ	수 9, 아홉	97
酒 jiǔ	명 술	197
就 jiù	부 바로	57
聚餐 jùcān	동 회식하다	187
觉得 juéde	동 ~라고 느끼다	187

K

开会 kāihuì	동 회의하다	128
看 kàn	동 보다	127
可以 kěyǐ	조동 ~할 수 있다, ~해도 좋다	167
刻 kè	양 15분	100
客户 kèhù	명 거래처, 바이어, 고객	77
口 kǒu	명 입 양 식구	67
苦 kǔ	형 쓰다, 힘들다	200
裤子 kùzi	명 바지	177
快 kuài	부 빨리	160
块 kuài	양 위안; 조각, 덩어리	167

L

辣 là	형 맵다	197
来 lái	동 오다, 주동적으로 어떤 동작을 하다 조 자(다른 사람을 부르거나 재촉함)	60, 157, 167

찾아보기

劳动节 Láodòngjié	명 5·1 국제노동절	117
老家 lǎojiā	명 본가, 고향 집	137
老师 lǎoshī	명 선생님	70
老小 lǎoxiǎo	명 막내	67
冷 lěng	형 춥다	128
离 lí	전 ~로부터	157
里 lǐ	명 안	157
两 liǎng	수 둘	67
聊天 liáotiān	동 한담을 나누다, 수다 떨다	137
零 líng	수 0, 영	100
六 liù	수 6, 여섯	107
旅游 lǚyóu	동 여행하다	127
绿茶 lǜchá	명 녹차	197

M

吗 ma	조 ~입니까?	47
妈妈 māma	명 엄마, 어머니	60, 177
买 mǎi	동 사다	177
卖 mài	동 팔다	167
忙 máng	형 바쁘다	80
芒果 mángguǒ	명 망고	167
贸易公司 màoyì gōngsī	명 무역 회사	77
没关系 méi guānxi	괜찮습니다	27
没有 méiyǒu	동 없다 부 méiyou ~안 했다	67
每 měi	대 매, 각, 마다, 모든	127
每天 měitiān	명부 매일	128
免贵 miǎn guì	저의 성씨는 ~입니다	57
名片 míngpiàn	명 명함	57
名字 míngzi	명 이름	47
明天 míngtiān	명 내일	107
木头 mùtóu	명 나무	200

N

哪 nǎ	대 어디, 어느, 어떤	47
哪儿 nǎr	대 어디	77
那 nà	대 저, 그, 그러면	67, 87
那边 nàbiān	명 저쪽, 그쪽	147
那儿 nàr	대 그곳, 저기	147
难 nán	형 어렵다	127
呢 ne	조 ~는?	67
嗯 ńg	감탄 예, 응	97
你 nǐ	대 당신, 너	27
你好 nǐ hǎo	안녕하세요!, 안녕!	27
你们 nǐmen	대 너희(들)	78, 157
年 nián	명 해, 년	87
您 nín	대 당신	47
您好 nín hǎo	안녕하세요!	57

P

爬山 páshān	동 등산하다	127
怕 pà	동 두려워하다, 겁내다	127
朋友 péngyou	명 친구	60, 137
平时 píngshí	명 평소	137
苹果 píngguǒ	명 사과	167
葡萄 pútao	명 포도	170

Q

七 qī	㊅ 7, 일곱	107
千 qiān	㊅ 1,000, 천	170
前边 qiánbian	명 앞쪽	147
钱 qián	명 돈	167
钱包 qiánbāo	명 지갑	150
清明节 Qīngmíngjié	명 청명절	117
请问 qǐngwèn	말씀 좀 여쭙겠습니다	57
秋天 qiūtiān	명 가을	117
去 qù	동 가다	60, 127

R

热 rè	형 덥다	128, 197
人 rén	명 사람	47
人事部 rénshìbù	명 인사부, 인사팀	67
认识 rènshi	동 알다	200
认真 rènzhēn	형 착실하다, 진지하다	180

S

三 sān	㊅ 3, 셋	67
商品 shāngpǐn	명 상품	120
上班 shàngbān	동 출근하다	97
谁 shéi(shuí)	대 누구	67
什么 shénme	대 무엇	47
什么时候 shénme shíhou	대 언제	187
生日 shēngrì	명 생일	177
十二 shí'èr	㊅ 12, 열둘	97
时间 shíjiān	명 시간	107
是 shì	동 ~이다	47
试 shì	동 시험하다, 시도해 보다	167
手机 shǒujī	명 휴대 전화	60
书 shū	명 책	68
书店 shūdiàn	명 서점	158
暑假 shǔjià	명 여름 방학, 여름휴가	137
刷卡 shuā kǎ	동 신용 카드로 결제하다	177
水 shuǐ	명 물	127
说 shuō	동 말하다	128
四 sì	㊅ 4, 넷	87
四川菜 Sìchuān cài	쓰촨 요리	197
四季 sìjì	명 사계절	168
送 sòng	동 보내다, 선물하다	177

T

他 tā	대 그 남자, 그 사람, 그	47
她 tā	대 그녀	177
太……了 tài……le	너무 ~하다	187
特别 tèbié	부 특별히	167
天 tiān	명 날, 하루, 하늘	97
天气 tiānqì	명 날씨	108, 117
甜 tián	형 달다	167
条 tiáo	양 가늘고 긴 사물을 세는 단위	177
跳舞 tiàowǔ	동 춤을 추다	127
同事 tóngshì	명 동료	107

W

晚 wǎn	명 밤 형 늦다	160
晚饭 wǎnfàn	명 저녁밥	140

찾아보기 · 219

찾아보기

晚上 wǎnshang	명 밤	107
围巾 wéijīn	명 목도리, 스카프	177
为什么 wèishénme	대 왜	117
位 wèi	양 분	58, 67
文件柜 wénjiànguì	명 캐비닛, 문서함	147
文具区 wénjù qū	문구 코너	167
我 wǒ	대 나	47
我们 wǒmen	우리(들)	77
五 wǔ	수 5, 다섯	97
午饭 wǔfàn	명 점심(밥)	97

X

喜欢 xǐhuan	동 좋아하다	117
下 xià	명 아래, 다음 동 내리다	157
下班 xiàbān	동 퇴근하다	137
下午 xiàwǔ	명 오후	157
下星期 xià xīngqī	명 다음 주	170
夏天 xiàtiān	명 여름	117
先生 xiānsheng	명 선생	177
现金 xiànjīn	명 현금	177
现在 xiànzài	명 지금, 현재	87
想 xiǎng	조동 ~하고 싶다 동 그리워하다, 생각하다	137
相机 xiàngjī	명 카메라	148
销售部 xiāoshòubù	영업부, 영업팀	67
小 xiǎo	형 작다, 어리다 접두 성씨(姓) 앞에 쓰여 Mr, Miss를 가리킴	57
小姐 xiǎojiě	명 아가씨	167
些 xiē	양 약간, 조금	117
写字 xiě zì	동 글씨를 쓰다	190
谢谢 xièxie	고맙습니다	27
新年快乐 xīnnián kuàilè	새해 복 많이 받으세요. Happy New Year	37
星期 xīngqī	명 주	107
星期五 xīngqīwǔ	명 금요일	187
行 xíng	동 좋다, ~해도 된다	57
姓 xìng	명 성, 성씨 동 성이 ~이다	47
兄弟姐妹 xiōngdì jiěmèi	명 형제자매	67
休息 xiūxi	동 쉬다, 휴식하다	137
学 xué	동 배우다	80, 127

Y

呀 ya	조 啊와 같음	177
眼睛 yǎnjing	명 눈	90
要 yào	조동 ~하려고 하다 동 필요하다	177
也 yě	부 ~도	47
业务 yèwù	명 업무	87
一 yī	수 1, 하나	87
一百 yìbǎi	수 100, 백	77
一起 yìqǐ	부 같이, 함께	137
衣服 yīfu	명 옷	167
应该 yīnggāi	조동 마땅히 ~해야만 한다	197
英语 Yīngyǔ	명 영어	130
用 yòng	동 쓰다, 사용하다	190
游泳 yóuyǒng	동 수영하다	127
有 yǒu	동 가지고 있다, 있다	67
有点儿 yǒudiǎnr	부 조금	197
有意思 yǒuyìsi	형 재미있다	127
右边 yòubian	명 오른쪽	147
元旦 Yuándàn	명 원단(1월 1일)	117
员工 yuángōng	명 직원	77

员工食堂 yuángōng shítáng	몡 직원 식당	97	总经理 zǒngjīnglǐ	몡 최고 경영자, 사장	50
员工休息室 yuángōng xiūxishì	직원 휴게실	157	最 zuì	톈 가장	127
远 yuǎn	혱 멀다	157	最近 zuìjìn	몡 최근	127
月 yuè	몡 월, 달	70, 107	坐 zuò	동 앉다	190
运动 yùndòng	몡 운동 동 운동하다	127	做 zuò	동 하다	77

Z

在 zài	전 ~에서 동 ~에 있다	77, 147
再见 zàijiàn	안녕히 가세요, 잘 개	37
早 zǎo	혱 이르다, 좋은 아침!	37
早上 zǎoshang	몡 아침	37
早上好 zǎoshang hǎo	좋은 아침입니다, 좋은 아침!	37
怎么 zěnme	데 어떻게, 어째서, 왜	57
怎么样 zěnmeyàng	어떠한가	107
找 zhǎo	동 찾다	180
这 zhè	데 이, 이것, 여기	50, 57
这次 zhècì	몡 이번	187
这儿 zhèr	데 여기, 이곳	157
这里 zhèlǐ	데 여기, 이곳	197
这样 zhèyàng	데 이렇게	200
真的 zhēnde	정말로	167
正 zhèng	톈 마침	187
中国菜 Zhōngguó cài	중국 음식	187
中国人 Zhōngguórén	몡 중국인	47
中秋节 Zhōngqiūjié	몡 추석	117
中午 zhōngwǔ	몡 점심	97
种 zhǒng	양 종류, 가지	200
周 zhōu	몡 주, 주일	97
周末 zhōumò	몡 주말	137
总 zǒng	总经理의 줄임말	57

고유명사

金 Jīn	고유 김(성씨)	47
金成功 Jīn Chénggōng	고유 김성공(인명)	47
高 Gāo	고유 고(성씨)	67
韩 Hán	고유 한(성씨)	67
济州岛 Jìzhōudǎo	고유 제주도	137
李冰冰 Lǐ Bīngbing	고유 리빙빙(인명)	77
美国 Měiguó	고유 미국	140
欧洲 Ōuzhōu	고유 유럽	130
上海 Shànghǎi	고유 상하이	190
天国百货 Tiānguó Bǎihuò	고유 천국백화점	177
许 Xǔ	고유 허(성씨)	67
意大利 Yìdàlì	고유 이탈리아	140
张 Zhāng	고유 장(성씨)	57
张明 Zhāng Míng	고유 장밍(인명)	57
中国 Zhōngguó	고유 중국	117

중국어 음절 결합표

	a	o	e	-i	er	ai	ei	ao	ou	an	en	ang	eng	ong	i	ia	iao	ie	iou(iu)
b	ba	bo				bai	bei	bao		ban	ben	bang	beng		bi		biao	bie	
p	pa	po				pai	pei	pao	pou	pan	pen	pang	peng		pi		piao	pie	
m	ma	mo	me			mai	mei	mao	mou	man	men	mang	meng		mi		miao	mie	miu
f	fa	fo					fei		fou	fan	fen	fang	feng						
d	da		de			dai	dei	dao	dou	dan	den	dang	deng	dong	di		diao	die	diu
t	ta		te			tai		tao	tou	tan		tang	teng	tong	ti		tiao	tie	
n	na		ne			nai	nei	nao	nou	nan	nen	nang	neng	nong	ni		niao	nie	niu
l	la		le			lai	lei	lao	lou	lan		lang	leng	long	li	lia	liao	lie	liu
z	za		ze	zi		zai	zei	zao	zou	zan	zen	zang	zeng	zong					
c	ca		ce	ci		cai		cao	cou	can	cen	cang	ceng	cong					
s	sa		se	si		sai		sao	sou	san	sen	sang	seng	song					
zh	zha		zhe	zhi		zhai	zhei	zhao	zhou	zhan	zhen	zhang	zheng	zhong					
ch	cha		che	chi		chai		chao	chou	chan	chen	chang	cheng	chong					
sh	sha		she	shi		shai	shei	shao	shou	shan	shen	shang	sheng						
r			re	ri				rao	rou	ran	ren	rang	reng	rong					
j															ji	jia	jiao	jie	jiu
q															qi	qia	qiao	qie	qiu
x															xi	xia	xiao	xie	xiu
g	ga		ge			gai	gei	gao	gou	gan	gen	gang	geng	gong					
k	ka		ke			kai	kei	kao	kou	kan	ken	kang	keng	kong					
h	ha		he			hai	hei	hao	hou	han	hen	hang	heng	hong					
단독쓰임	a	o	e		er	ai	ei	ao	ou	an	en	ang	eng		yi	ya	yao	ye	you

ian	in	iang	ing	iong	u	ua	uo	uai	uei(ui)	uan	uen (un)	uang	ueng	ü	üe	üan	ün
bian	bin		bing		bu												
pian	pin		ping		pu												
mian	min		ming		mu												
					fu												
dian			ding		du		duo		dui	duan	dun						
tian			ting		tu		tuo		tui	tuan	tun						
nian	nin	niang	ning		nu		nuo			nuan				nü	nüe		
lian	lin	liang	ling		lu		luo			luan	lun			lü	lüe		
					zu		zuo		zui	zuan	zun						
					cu		cuo		cui	cuan	cun						
					su		suo		sui	suan	sun						
					zhu	zhua	zhuo	zhuai	zhui	zhuan	zhun	zhuang					
					chu	chua	chuo	chuai	chui	chuan	chun	chuang					
					shu	shua	shuo	shuai	shui	shuan	shun	shuang					
					ru	rua	ruo		rui	ruan	run						
jian	jin	jiang	jing	jiong										ju	jue	juan	jun
qian	qin	qiang	qing	qiong										qu	que	quan	qun
xian	xin	xiang	xing	xiong										xu	xue	xuan	xun
					gu	gua	guo	guai	gui	guan	gun	guang					
					ku	kua	kuo	kuai	kui	kuan	kun	kuang					
					hu	hua	huo	huai	hui	huan	hun	huang					
yan	yin	yang	ying	yong	wu	wa	wo	wai	wei	wan	wen	wang	weng	yu	yue	yuan	yun

맛있는 중국어 기본서 시리즈

독해의 달인이 되는 필독 기본서
재미와 감동, 문화까지 맛있게 독해하자

엄영권 지음 | ❶ 228쪽 · ❷ 224쪽
각 권 값 14,500원(MP3 파일 무료 다운로드)

작문의 달인이 되는 필독 기본서
어법과 문장구조, 어감까지 익혀 거침없이 작문하자

한민이 지음 | 각 권 204쪽 | ❶ 16,000원 ❷ 13,500원

중국어의 달인이 되는 필독 기본서

어법의 달인이 되는 필독 기본서
중국어 어법 A to Z 빠짐없이 잡는다

한민이 지음 | 280쪽 | 17,500원
(본책+워크북+발음 MP3 파일 무료 다운로드)

듣기의 달인이 되는 필독 기본서
듣기 집중 훈련으로 막힌 귀와 입을 뚫는다

김효정 · 이정아 지음 | 232쪽 | 값 15,000원
(본책+워크북+MP3 파일 무료 다운로드)

맛있는 중국어 HSK 시리즈

THE 맛있게
THE 쉽게 즐기세요!

박수진 저 | 22,500원

기본서(+모의고사 2회), 해설집, 단어장 All In One 구성

한눈에 보이는 공략   간략하고 명쾌한

 +  +

기본서   해설집   필수단어 300

박수진 저 | 24,500원   왕수인 저 | 26,500원   장영미 저 | 27,500원   JRC 중국어연구소 저 | 27,500원

"베스트셀러 교재"와
"No.1 강의"가 하나로 만났다!

맛있는스쿨 | www.cyberjrc.com

외국어 전 강좌 풀팩	영어 전 강좌 풀팩	중국어 전 강좌 풀팩
일본어 전 강좌 풀팩	베트남어 전 강좌 풀팩	기타 외국어

www.cyberJRC.com

친구 등록하고 실시간 상담 받기
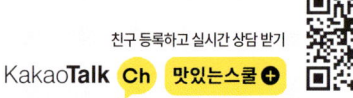